質的社会研究シリーズ 5

■シリーズ編集
江原 由美子
木下 康仁
山崎 敬一

性・メディア・風俗

景山佳代子=著

週刊誌
『アサヒ芸能』からみる
風俗としての性

ハーベスト社

質的社会研究シリーズの刊行に寄せて

　現在、質的研究は、社会学、心理学、教育学、人類学といった社会科学の領域だけでなく、認知科学や情報工学やロボティックスといった自然科学や工学の領域にも広がっている。また特に、福祉、看護、医療といった実践的な領域では、質的研究のブームともいえるような現象が生まれている。

　このような、「質的研究の新時代」といわれる、質的研究の様々な領域における同時発生的な興隆は、いったいどうして生じたのであろうか。その一つの理由は、質的な研究に関して、様々な領域において共通する新たな固有の研究課題や方法的な課題が生じたからである。従来、質的な研究は、量的な研究との対比において、その意味を保ってきた。例えば、従来の社会学的調査法においては、質的研究は、データを多く集め統計的な手法で分析する「量的研究」に対する「個別事例的な研究」として位置づけられた。そして、それによって、質的研究は、「量的研究」や「統計的研究」に対する残余的カテゴリーにおかれた。そこでは、様々な異質な研究が、「量的でないもの」「統計的ではないもの」として集められ、質的という共通のレッテルを貼られることになった。そのような状況では、質的研究に共通する研究課題や方法論的課題を見つけ出す試みには、大きな力が注がれなかった。なぜならそれはすでに、「量的でない」ということでの共通性をもってしまっていたからである。

　しかし、現在の「質的研究」は、大きく変わってきている。それは、「質的研究」に様々な領域で様々な方法でアプローチする研究者たちに、共通した研究の課題や方法論的課題が生まれたからである。様々な分野の研究者たちが、単に個々の現象を見ただけではわからない、定型性や定常性が、現象を集め、それを詳細にみることで発見できることに気づいていった。だが、同時に、様々な分野の研究者たちが、集められた個々の現象が、それぞれのおかれた状況と深く結びついており、それを単に数値的に処理するだけ

ではその現象の性格自体を見失ってしまうということにも気づいていった。研究者たちは、集められた現象のなかに定型性や定常性を発見するという研究課題と、それをどう発見し状況依存性の問題についてどう考えるかという方法論的な課題をもつことになった。これによって、質的研究は、固有の研究課題と方法論的な課題をもつことになったのである。

　エスノメソドロジー、会話分析、相互行為分析、言説分析、グラウンデッド・セオリー、構築主義、質的心理学、ナラティヴ・アプローチという、現代の質的研究の方法は、みな質的研究に固有の研究課題と方法論的な課題を共有している。

　こうした現在の質的研究は、次の3つの特徴を持っている。第1の特徴は、人々が生きて生活している現場の文脈や状況の重視である。第2の特徴は、ことばと結びついた相互行為の仕組み自体を明らかにしようとする点である。第3の特徴は、それによって、従来の質的研究を担っていた社会科学者と、現代社会におけるコミュニケーションや相互行為の質の問題に関心をもつ医療・ケア・教育の現場の実践的専門家や、インタラクション支援システムを設計する情報工学者との新たな連携が生まれた点である。

　このシリーズは、2000年代になってから学問横断的に勃興してきた「質的研究の新時代」に呼応したものである。しかし同時に、この質的社会研究シリーズでは、様々な現場の状況に深く切り込む、モノグラフ的研究も取り上げてゆきたいと思う。そうした個別状況に切り込む研究がなければ、それぞれの現実や状況がどのように互いに対応しているかを見るすべがないからである。それぞれの状況を詳細にかつ深く知ることによってはじめて、それぞれの状況の固有性と、それぞれの状況を越えた定型性を発見することができるのである。

　このシリーズでは、具体的な状況に深く切り込みながらも、現代の質的研究の方法論的課題に取り組んだ研究を、特に取り上げてゆきたい。

シリーズ編者を代表して　山崎敬一

目次

序章 「性風俗」と週刊誌『アサヒ芸能』 …… 1
- 0. はじまりのようなもの …… 1
- 1. 本書の問い …… 3
- 2. なぜ「性風俗」なのか …… 5
- 3. なぜ週刊誌『アサヒ芸能』なのか …… 9
- 4. 本書の構成 …… 12

第1章 週刊誌『アサヒ芸能』の誕生 …… 15
- 1. 週刊誌『アサヒ芸能』前史 …… 15
- 2. 二つの「アサヒ芸能」 …… 17

第2章 「二流」のスタンスの確立と赤線 …… 29
- 1. 風俗としての赤線 …… 29
- 2. 赤線吉原と売春防止法——元赤線業者の回想から …… 31
- 3. マスメディアと売春防止法 …… 42
- 4. 売春防止法と週刊誌『アサヒ芸能』 …… 46

第3章 週刊誌『アサヒ芸能』と性風俗の構成 …… 53
- 1. 盛り場と性風俗——赤線吉原の衰退と復活の「兆し」 …… 55
- 2. メディアのなかの街・千束 …… 62
- 3. 性風俗とメディア …… 68

第4章　週刊誌『アサヒ芸能』にみる性風俗生成の仕組み……… 75
1. 記事から記者へ …………………………………………… 75
2. 性風俗の鳥瞰図 …………………………………………… 77
3. 読者としての「出張マン」 ……………………………… 79
4. 〈パンマ〉の発見 ………………………………………… 82
5. 〈地元・芸者〉とファンタジー ………………………… 85
6. 〈韓国エステ〉 …………………………………………… 92
7. 性風俗、その死と再生 …………………………………… 96

第5章　線の性風俗、その物語の構造……………………… 99
1. 線と点の風俗 ……………………………………………… 99
2. 性風俗という物語のパターン …………………………… 101
3. 性風俗の構造 ……………………………………………… 114
4. 性風俗の変遷 ……………………………………………… 127

第6章　「点」としての性風俗、その探索 ………………… 139
1. 週刊誌の目次と分析方法 ………………………………… 139
2. 性風俗20年の見取り図 …………………………………… 143
3. 「ヘルス」が性風俗になるとき ………………………… 149
4. ことばと視覚 ……………………………………………… 153
5. フーゾクの生誕 …………………………………………… 158
6. 風俗からフーゾクにみるリアリティーの変容 ………… 163

第7章　週刊誌『アサヒ芸能』という風俗 ………………… 171
1. 身体化された性、民主化される性 ……………………… 172

2. すれちがう二つの知 …………………………………… 177
  3. 恋愛の風俗化 ………………………………………… 180

補論　質的データの量的分析………………………………… 189
  1. 質的データの豊かさと困難 …………………………… 190
  2. コーディングとKT2の基本的発想 …………………… 200
  3. KT2によるコーディングとクロス表による結果表示 ……… 202
  4. 枠組みの解体、そして再構築へ ……………………… 211

  引用・参考文献 ………………………………………………… 217

  あとがきのような、謝辞のようなもの ……………………… 221

  索引 ……………………………………………………………… 226

東西芸能出版社（徳間書店）発行「アサヒ芸能新聞」第一号
モデル／芦原千鶴子（昭和29年4月1週号）

序章
「性風俗」と週刊誌『アサヒ芸能』

―――――――――――――――― 0. はじまりのようなもの

　子どもの頃の最初の「性的」なメディアの記憶は、家の近所の県道脇や河原に投げ捨てられていた、男性週刊誌やポルノ雑誌のヌード写真ではないだろうか。雨露のせいで波打ったページには、ねっとりとした視線の女が、大きな乳房を露わに横たわっていた。カラー写真の光沢感は消え、土埃をうっすらとかぶった様子は、そのまま「今、みているもの」のイメージと重なった。薄汚れ、淫靡で、卑猥。子どもたちだけで秘匿される好奇心。それは決して陽性の魅力ではなかった。薄暗がりの、ひんやりとした土蔵に入った時のような、微かな緊張と対になった昂揚感。大人に気づかれないためのヒソヒソ話とクスクス笑い。「性」とは、そんな密やかな囁きの領域に息づいていた。

　ところが、1980年代から1990年代頃からだろうか、皮膚感覚で「セックス」の取り上げられ方が変わったと、感じ始めた。夕方、まだ明るい時間帯のブラウン管に、あの週刊誌のヌード写真と同じ匂いを感じさせる女性が登場し、有名なテレビタレントたちと一緒になってワイワイと盛り上がっていた。彼女がタレントでもアイドルでもないことはすぐに分かったが、一体、なぜ男性タレントたち

が、大はしゃぎをしているのかは、よく分からなかった。それが1986年にアダルトビデオでデビューした、黒木香さんだった。

　以後、とにかく陽気であろうとするバラエティー番組で、「AV女優」という女性を見ることや、そのような話題がのぼることは、特別なことでも、奇異なことでもなくなっていった。またAV女優だけではなく、「風俗嬢」「フードル」といった女性たちも雑誌やテレビで、アイドルに負けない笑顔を振りまくようになっていた。

　性の売買といった言説など意に介さないかのような「女性たち」の、メディアでの氾濫は、アカデミックな世界の動きにも影響を与えた。従来のフェミニズムや女性の人権といった枠組みを、軽々とこえていく「現実」を前に、研究者は、性の商品化やセックス・ワークをめぐって様々な論議を繰り返した[1]。

　時代がまとう空気というものがあるとするなら、セックスにまつわるそれは、確かに変わった。暗がりの、密やかな好奇心に自生していた「性」は、眩いばかりの舞台照明に照らされ、あっけらかんとした笑いと共生するようになる。性産業で働くことは特別なことではなく、「ふつうの女の子」たちにとって、割りのいいアルバイトの一つであり、場合によっては華やかな芸能界へと続く一つのステップとも映った。少なくとも表面的には、そう見えた。

　だが、性をめぐるこうした現象は、あくまでも「表層的」な変化にすぎなかったのだと感じさせた、一つの「出来事」があった。プロ野球のエース投手と、ある女性との結婚・離婚をめぐるバッシング騒動である。彼女は、性風俗産業で働いていた「過去」をもつ女性だった。週刊誌をはじめ各メディアは、芸能人でもなんでもない彼女の経歴をこぞって暴きたてた。プロ野球のエースというヒーローと結婚し、幸せになることなど、性風俗産業で働いていた女に許

序章　「性風俗」と週刊誌『アサヒ芸能』

されていいはずがない。それはまるで、「ふつうの女」よりも「上等な」幸せを手に入れようとした彼女への、メディアによる社会的制裁のようだった。結局、二人は離婚したが、ある女性週刊誌は、「離婚された彼女は今」といった記事で追跡する念の入れようだった。さらに記憶にあるかぎり、「元風俗嬢」の彼女を擁護しようとしたり、この出来事自体を問題視する「フェミニスト」はいなかった。それがなぜかは分からない。穿った見方をするならば、性風俗で働いていた女性が人並み以上の幸せを手に入れることへの反発を、「フェミニスト」や「研究者」も暗黙のうちに承認していたのかもしれない。

　このときの違和感を忘れられない。「ＡＶ女優」「風俗嬢」「フードル」「泡姫」などなど。メディアという「虚構」の世界で、彼女たちを、まるでアイドルのように持ち上げながら、彼女たちが「現実」の世界で、普通以上の幸せな生活を手に入れることは、決して容認しない私たちの社会。性をめぐっての表層と深層、それらの間のギャップと連携。これらの関係を明らかにしていくことが、本研究の目的の一つとなる。

1.　本書の問い

　本書では、戦後日本の「性風俗」の変遷を、週刊誌『アサヒ芸能』というメディアから解剖していく。ただし、最初に白状してしまえば、性風俗と『アサヒ芸能』という組み合わせが読者に期待させるような物語は、おそらくほとんど語られない。また、性風俗をとりあげるといっても、「風俗嬢」と呼ばれる女性へのインタビューもなければ、私自身の性風俗産業での体験ルポもない。雑誌やテレビ、

研究論文といったメディアは、性風俗産業に働くのは、どんな女性で、彼女たちはなぜ性風俗産業で働くようになったのか、彼女たちはなにを「問題」として抱えているのかを伝えようとする。しかし、私にとって問題なのは「彼女たち」自身のことではない。むしろ、「彼女たち」について語るために、「私たち」が当たり前のものとして運用している「文法」が謎なのだ。「彼女たち」自身の語りもまた、「私たち」が自明とする語りのなかで紡がれているものでしかない。問われるべきは、「彼女たち」という図を出現させる「私たち」の世界である。そうであるなら「彼女たち」という図を描き、再生産させていく〈場〉を、研究対象とすればよい。性風俗産業で働く女性たちに、「フードル」や「風俗嬢」といった名前を付け、「彼女たち」についての「物語」を社会に流通させる〈場〉となっているものは、どこなのか。
　そうして行きあたったのが、週刊誌『アサヒ芸能』というメディアであった。戦後半世紀以上ものあいだ、「大人の男たち」のための性を語り続けてきた『アサヒ芸能』をテキストにすることで明らかにしたいのは、性風俗（産業）に従事する「彼女たち」の物語ではなく、性をめぐって「私たち」が実践している日常知である。研究材料とした『アサヒ芸能』に対する、このような向き合い方には、歴史家アラン・コルバンの売春研究からの刺激を否めない。彼は、次のように述べている。

　　十九世紀の娼婦たちは自身の言葉で自己をわれわれに語ってはいない。娼婦は自身について書くことを知らなかったのである。われわれが手にし得る娼婦の実態を示す資料は男性の視点——つまり、警官、医者、裁判官、行政官らの視点——に媒介された一群の資料である。証言のすべてはその証言者たち自身のことをわ

れわれに非常によく伝えてくれる。すなわち、売春の歴史を貫いている男性の欲情の様態とかそれについての不安がどのような状態でどのように広まっているかなどをよりよく把握させてくれるのである[2]。〔傍点筆者〕

　とはいえ、以上のような目的を説明してもなお、ではなぜ「性風俗」なのか、なぜ『アサヒ芸能』なのかという問いには答えきれていないだろう。こうした問いは、私がこの研究を始めて10年以上突きつけられ続けてきたものであり、そして10年以上の時間を経てもなお十分な回答を用意できないままの問いでもある。しかし、自分がなぜ「性風俗」と『アサヒ芸能』という二つにこだわり続けてきたのか、その理由のようなものを言語化することは重要だろうし、なによりその作業は、私自身が必要としているものでもある。覚束ない足どりとなることを覚悟で、現時点における私なりの回答を語ってみたい。

2. なぜ「性風俗」なのか

　余談になるが、学生時代、研究者になることを希望していた私に、当時の恩師が冗談めかしてこう言った。「研究者なんてものは、動物園みたいに檻の外から眺めるもので、檻の中に入ろうなんて思わないことだ」。大学の先生たちは、研究という檻に囚われ、その中をウロウロする珍獣みたいなものだ。こうした珍獣とは学生時代に付き合う程度ならいいが、自分から檻に入って珍獣になるなよ、という意味だった。だが、この先生こそ、私に研究の面白さ、その檻

に入る第一歩を踏み出させた張本人でもあった。研究という檻、つまり自分にとってどうしても「知りたい・分かりたい」と思わせる謎、それに触れ、それまで見えなかった様相を垣間見る興奮は、一度味わうとやめられない。そして私の場合、この檻は「性」という領野に仕掛けられていた。

　「性」の領野には目に見えない無数の境界線が存在していて、私は一歩踏み出すごとに、自分の足が釣り糸に絡みとられるような不自由さと鬱陶しさを感じていた。しかも、どうやら私の周りの友人たちは、そんな釣り糸を踏まずに歩く術を知っているらしく、なぜ私が躓いているのか、立ち止まっているのか、あまりよく分からないといった風でもあった。自分が見ている世界と、周りの人たちが見ている世界が違うらしい。「性」というフィールドに身を置いたとき、そのことが最もはっきりと意識されていった。

　この謎にもっと接近していくために、私は大学院という、アカデミックな世界の門前町へと足を踏み入れた。そこでまず赴いたのは、「性」の居場所を学問の世界に切り拓いていった「セクシュアリティ」「ジェンダー」「フェミニズム」といった「先駆者」のところである。「性」を、ジェンダーやフェミニズムといった視点から考察する。男女雇用機会均等法やセクシュアル・ハラスメント、セックス・ワークや性の商品化など。フェミニズムやジェンダー論、セクシュアリティ論といった「性」を語る切り口が、これまで見えることのなかった性的領域における問題圏を浮かび上がらせ、それを私的な問題ではなく、公的な問題として論じることを可能にしていった。そこで蓄積されてきた知識は豊かであり、学ぶべきことは多くあった。その成果は、私には眩しく、また心惹かれる側面もあった。しかし、同時に私がそのような切り口で語ろうとすると、どうしても「女で

ある自分」を立ち位置にしてしまう。それは「男である他者」の設定を必然的に伴うのだが、私の語り方が不味いせいか、気づけば「女vs男」という対立の図式に陥ってしまう。日常生活では、気心のしれた男仲間とワイワイやりながら、学問世界では抽象的な「男」という仮想敵と闘ってしまう自分。なぜ私は自分にとって嘘くさい形でしか、「性」の問題を学問の俎上にのせることができないのか。自分の未だ言語化されない違和感を表現するために、言葉をあてはめようとすると、その先からスルリと脇を通り過ぎていく。そこで語られている言語が、自分の実感を伴わない。

　今、振り返れば、それは概念というものを知らない私の無知と未熟さが大半の原因だったと分かるのだが、当時は、私の足にぴったりとあつらえられた靴を探すかのように、次々とそれらしい言葉を見つけては、「これは合わない」といって放り出していた。それでも日常の関係性を、学問の世界へと接合させていく言葉が欲しいと焦り、その思いは切実なものになっていた。幸いにして、私の場合は、概念という靴は、最初から足にぴったりと合うようあつらえられて存在するものではなく、自分の足、歩き方にしっくりとなるよう徹底的に履きつぶし、何度も修繕・改良し続けて、自ら作っていくものだと教えてくれる師に出会えた。そして研究をするとはどういうことなのかを学ぶその過程において、「風俗」という言葉にも出会うことになる。

　このときすでに「風俗」という言葉は、「性風俗産業」を指す言葉として一般的ではあったが、同時に、幾人かの優れた研究者によって学問用語としての可能性を見出され、検討され、また実際にその可能性を提示されている言葉でもあった。「風俗」は、社会生活の表層において変化する生活様態であり、私たちの感性の具体的表象で

もある。そして、この表層はつねに深層と連動しており、絶え間ない変化は、それ以前の時間との連続性を孕み、移ろい変わるイメージは、私たちの社会構造を条件に生じている。それは私にとっての「性」の漠然とした全体像と重なりあうものでもあった。どうしようもないほど、私たちの生活意識に深く根をおろし、私たちの行動、志向、正常／異常といった価値判断にまとわりつきながら、普段はそれをおくびにも出さず、快楽や悦楽と結びつき、ときには軽佻浮薄な装いで漂泊する——。

　「性風俗」という言葉を使うことは、二重の意味をもっている。一つには、「私たちの社会において、性的なものとして語られ／表れているサムシング」としての「性風俗」がある。このとき「性風俗」は、「何が性的なものとして語られているのか」「その語りはどのようなもので、どのように変化しているのか」という問いの対象として位置づけられる。もう一つは、性的な事象を風俗として捉えていくという視点としての「性・風俗」である。これについては、考現学を打ち立てた今和次郎の言葉が示唆に富む。彼は、私たちの普通の生活ぶり、世相風俗といったものを研究対象とするときに求められる研究態度を次のように説明している。「眼前の対象物を千年前の事物と同様にキューリアスな存在とみているかのよう」[3]に観よ、と。性を風俗として捉える視点は、私たちが日々繰り広げる瑣末な性的語りを、人々が楽しみとして消費はするが、重要なものとして心に留めることもないような性的な戯言を、まるで深い地層から発掘された琥珀でもあるかのようにしげしげと観察し、分析することを要請する。そうすることで私たちは、移ろいやすく気まぐれに変転する性的表層の、変わらぬ要素、要素間の関連に迫り、かつ性的世界を成立させる要素の入れ替わりを捉えることができるのである。

それは、私が躓いたところの、常識という世界に張り巡らされた無数の境界線が作り出す図の一端を描き出すことになるかもしれない。

3. なぜ週刊誌『アサヒ芸能』なのか

ではなぜ「性風俗」を解剖する際に用いるマテリアルが週刊誌『アサヒ芸能』なのか。この問いについては、最初の、なぜ「性風俗」なのかという問い以上に答えることが難しい。しかし、あえてその理由を求めるなら、1）そこで語っているものが「性風俗である」という社会的了解が成立している（＝自明とされている）メディアであり、なおかつ、2）「普通の中年男性」を読者層に、売春防止法の制定以来、半世紀にもわたって、毎週発行されてきたメディアでもある、という2点があげられる。

「人間のセクシュアリティは、あいまいで、無秩序で、混沌が秘められた世界をさまよ」っている。それゆえセクシュアリティは、自身に一貫性を与え、「無秩序をもっともらしく説明するよう機能する」ストーリーを必要とする[4]。そこにポリティクスが働く。ある語りは、社会的世界において「現実」のものとしての位置を占めても、ある語りは、「想像」的なものにとどめられ、あるいは特定個人の「妄想」として、社会的世界に認知されることのないまま漂流する。たとえば、ここに「赤いハイヒール」が転がっているとする。それ自体は合成皮革とプラスチックや鉄素材などからできた物体にすぎない。ところが、ある人々の、ある文脈におかれるならば、「赤いハイヒール」は性的興奮を喚起する記号として解釈されうる。あるいは私たちは、——自らはそうではないとしても——「赤いハイヒ

ール」が、性的記号となりうることを、知っている。では、「赤い目覚まし時計」ではどうだろうか。少なくとも、私が知っている限りでは、「赤い目覚まし時計」が性的な欲望を喚起する記号として、社会的に流通しているとは思えない。仮に「赤い目覚まし時計」を性的記号として解釈する人がいたとしても、それは非常に個人的な志向として回収されるだろう。ある行為が性的であるかどうか、私たちが何に性的欲望を感知しうるかということは、事象それ自体の特性ではなく、その事象をめぐる私たちの「語り」によって初めて可能になる。

　さて、ここで週刊誌『アサヒ芸能』の出番である。『アサヒ芸能』が性的なストーリーを制作し、流通させてきたメディアであることは、──私が声高に主張せずとも──広く認知されるところである。なおかつその語りは、「赤い目覚まし時計」に性的興奮を覚えるような人々に向かってではなく、戦後日本の社会において中心的アクターであった「中年のサラリーマン層」に消費されるものであった。『アサヒ芸能』が、「性風俗」として広く社会的に認知される性的ストーリーを制作・記録し、流通させてきた活字メディアであることは、性風俗を解剖するという本書の目的を達成していく、重要な条件を一つ満たしていることになるだろう。

　さらに『アサヒ芸能』は、上記のような性質の週刊誌として、戦後半世紀以上もの長きにわたって発行され続けている。これは、今和次郎が風俗を観察する方法として用いた「定点観測」を可能にするものでもある[5]。性風俗はセンセーショナルに語られ、耳目を集めやすいからこそ、その表層的変化に目を奪われ、何が変わり、何が変わっていないかを見極めることが難しい。「主婦売春」や「女子高生売春」など、「いま」という時代の病理として語られる事象は

多々あるが、実際、それが本当に現在に特有のものかどうかは、長期的なスパンで見なければ分からない。『アサヒ芸能』であれば、それが可能になる。しかもサラリーマンの生活サイクルに一致した週刊という発行間隔は、毎日発行される新聞ほど早くもなければ、月1発行の月刊誌ほど遅くもない。性風俗を捉えるには、ちょうどよい時間感覚だといえる。

　そして、私が『アサヒ芸能』に注目した最大の理由は、確信犯的に打ち立てられた編集方針にある。『アサヒ芸能』の歴史や編集方針については、のちの章で詳しく論じるが、『アサヒ芸能』は、創刊当初より明確に、戦後日本の性的秩序をドラスティックに変更させた売春防止法に注目していた。しかも当時、重大な政治的イシューとなっていた売春防止法を、「風俗」という視点から、「二流に徹して」掘り下げるという編集方針を打ち立てたのである。

　「風俗」と「二流に徹する」。これらは本研究を貫く重要なキーワードとなる。売春防止法という時代の要請を、「風俗」という表層の変化によって捉え、政治や経済、女性の権利や性倫理といった次元でなく、下世話な「二流」のスタンスに徹して記述していく。赤線廃止によって変わる性的世界を、男と女の営みという日常の風景＝風俗という視点から掘り起こしてきた『アサヒ芸能』には、読者である男たちの性的願望、不安や期待といったものが刻みこまれている。『アサヒ芸能』が記事にした対象や出来事、その語り口、物語の連関からつまびらかにしていくものは、当時の「性風俗」そのものではなく、そのような表層を可能にした価値観や規範、性をめぐる常識である。そして約半世紀という過去にさかのぼることで、現在に至るまでの感性の変容の過程を明らかにし、私たちがいま自明とする性的世界の相対化をはかることができるのではないか。

以上のように、なぜ『アサヒ芸能』であるのかを説明しても、なお十分な回答とはなっていないかもしれない。なかには、「それならスポーツ新聞を調べたら？」「他の週刊誌は調べないの？」といった投げかけもあるだろう。実際、研究の当初よりこのような「アドバイス」は、幾度となく受けたことがある。しかし、では私が『アサヒ芸能』ではなく、仮にスポーツ新聞やポルノ小説を題材にとったとしても、「なぜスポーツ新聞なの？」「なぜ○○週刊誌なの？」という問いから逃れることは、やはりできないだろう。正直に言えば、研究の始まりの段階における『アサヒ芸能』というメディアの選択は、ほんの偶然にすぎなかったし、もしかしたら他の週刊誌あるいは、まったく別のメディアでもよかったのかもしれない。ただし、その場合、おそらくその研究は、これから本書で展開されるものとは違った形をとっていただろう。その意味で、やはりこの研究は、『アサヒ芸能』でなければならなかったし、この選択は必然であったとも思う。そして、歳を重ね、多少の図々しさも身につけた今ならば、こう問い返してもみたい。「なぜ週刊誌『アサヒ芸能』では、ダメだと思うのですか？」、と。

4. 本書の構成

　とはいえ、週刊誌『アサヒ芸能』という雑誌がどういうメディアか知らないという人も少なくないだろう。そこで本書の第1章および第2章では、週刊誌『アサヒ芸能』とその歴史について説明していく。続く第3章から第6章にかけては、『アサヒ芸能』というテキストを様々な角度から分析していく。まず第3章では、草創期の『ア

サヒ芸能』の記事を分析し、売春防止法という歴史的イベントを契機に、性風俗にとってメディアが不可欠な構成要件となったことを提示する。第4章では、性風俗記事の作り手である「記者」へのインタビューデータをもとに、性風俗の仕組みと、その生成における「読者」の役割を考察する。読者の想像力と創造力が、性風俗記事を「現実の」性風俗へと変換させる重要なファクターであることをみていく。第5章は、60年代から70年代の『アサヒ芸能』で人気を博した長期連載に焦点を当て、この時期の性風俗という語りがどのような構造をもつものかを分析する。第6章では、70年から89年の目次データから、20年間にわたる性風俗の鳥瞰図を作成し、その変容を明らかにしていく。そして最終章となる第7章は、これまで論じていた『アサヒ芸能』というテキストから分析された「性風俗」をより広い社会的文脈におき、表層の変化から逆照射される性の深層における変化へと迫っていく。とくに『アサヒ芸能』の性風俗がベースとする、「家族」あるいは「夫婦」という生活世界との連関を浮き彫りにしていきたい。この最終章は、『アサヒ芸能』という、私にとっての温室を抜け出すための最初の一歩でもある。

　風俗という日常語から、社会学の世界を開く概念を叩き上げる。そんな思いで使い続けた「性風俗」という言葉によって、これまでとは違う、どんな様相を展開させることができるのか。移ろい変わりゆく性的世界の表層と、地下水脈のように脈々と受け継がれていく深層の感性。戦後という時間のなかで、これらがいかなる関係を紡いできたかを明らかにしていく。

注

1 江原編(1992)や、その続編である江原編(1995)などで、多くの研究者が、「性産業で屈託なく働いている女性たちのいる社会」をどのように意味づけるか(理解するか)、様々に論じていた。また、デラコステ他編(1987=1993)、田崎編(1997)など、「セックス・ワーカー」という労働者としての視点から、性産業や性の商品化を議論していく流れもあった。
2 コルバン(1978=1991: 4)。
3 今＝藤森編(1987: 364)。
4 プラマー(1995=1998: 380-381)。
5 今和次郎と定点観測の方法については、井上忠司(1995)に詳しい。

第1章
週刊誌『アサヒ芸能』の誕生

*

1. 週刊誌『アサヒ芸能』前史

「徳さんも、一緒にやらないか」

　1956年2月に出版社系週刊誌第1号となる『週刊新潮』を創刊した新潮社社長は、徳間康快氏（故人）に週刊誌出版を、こうもちかけたという[1]。

　この頃、徳間氏を社長とする東西芸能出版社ではタブロイド判の芸能新聞『アサヒ芸能新聞』[2]を発行していた[3]。だが部数増加の努力も空しく、発行部数は2～3万部で低迷したままだった。1956年に入ってからは、融資先の銀行から借金返済のため「アサヒ芸能新

*B5判第1号（現在の判型）　昭和31年10月7日号　©徳間書店
モデル／杉田弘子

聞」というタイトルを売却するよう勧告される。事実上の「解散命令」だった。B5判週刊誌の話は、このような危機的経営状況のときに持ちこまれた。タブロイド判は、グラビアも大きく、見やすいが、持ち歩きには不便である。B5判なら、通勤電車の中でも読みやすく、読者層を広げられるかもしれない。早速、徳間氏ほか幹部社員は緊急会議を開き、B5判週刊誌の「可能性」を銀行側に提示するため、データ収集を行った。結果、交渉は成功し、B5判週刊誌発行への体制が本格的に整えられていったわけだが、この移行は徳間氏をはじめ東西芸能出版社社員には、一つの賭けとして意識されていた。それはなぜか。

　当時は、週刊誌といえば新聞社系週刊誌の専売で、その機動力と広範な取材網に対抗して、出版社が週刊誌を発行できるとは誰も思っていなかった。『週刊新潮』は、事件の二報性に徹するという従来にない切り口で、その「常識」を打ち破ったのである。とはいえ、新聞社ががっちりと市場を固めていた週刊誌市場に、出版社一社だけで乗り込んでも潰されてしまう。新潮社から徳間氏への、「徳さんも、一緒にやろう」という誘いは、互いに協力し、週刊誌市場のなかで共同戦線をはっていこうという提案でもあった。

　さらに徳間氏は筆者とのやりとりのなかで、『週刊新潮』と『アサヒ芸能』の「棲み分け」についても語ってくれた。先発の『週刊新潮』は自社ですでにもっていた文学、政治・経済界とのパイプを誌面づくりに活かすことで、新聞社のもつ取材網・機動力に対抗しようとしていた。一方の『アサヒ芸能』がもっていたのは、芸能新聞『アサヒ芸能新聞』時代に培った映画や演劇界の取材網であった。徳間氏はこのネットワークを活用するために、「芸能・スポーツ・風俗に焦点をあわせた」編集方針を打ち立てることにした。こうして『ア

第1章　週刊誌『アサヒ芸能』の誕生

サヒ芸能新聞』の「新聞」という文字をとり、出版社系週刊誌第2号となる『アサヒ芸能』が世に出ることになる。1956年9月末のことである。

　以来、現在にいたるまで半世紀以上にわたって『アサヒ芸能』は発行され続けている。浮き沈みの激しい出版業界にあって、一度は廃刊の危機にまで瀕していた雑誌が、その雑誌生命を甦らせることは至難の業である。にもかかわらず、なぜ『アサヒ芸能』はそれを成しえたのか。「低俗・下劣」など、決して社会的に高く評価されているわけでもないのに、である。売れ行きが低迷していた『アサヒ芸能新聞』から週刊誌『アサヒ芸能』への脱皮とは一体どのような形で行われたのか。「アサヒ芸能」という同じタイトルをもつ、この二つの雑誌の違いとは、一体どのようなものなのだろうか。

──────────── 2.　二つの「アサヒ芸能」

　『アサヒ芸能新聞』時代と、週刊誌『アサヒ芸能』の発行に踏み切った当時のことを知る人物として、徳間書店より紹介されたのが布留川貞夫氏だった。1954年に東西芸能出版社に入社した布留川氏は、『アサヒ芸能新聞』時代には、販売部に所属していた。1956年のB5判週刊誌への切り替えを検討した編集部内での話し合いにも参加しており、週刊誌への移行後も、編集者として雑誌つくりに携わっていた。1960年代には、『アサヒ芸能』編集部の企画部長として数多くの「名物」連載を手がけた。作家・吉行淳之介氏をホストにした対談は、5年間、999回も続いた人気連載で、布留川氏が担当した企画のなかでも評判が高いものの一つだった。

その布留川氏が、『アサヒ芸能』とそれ以前の『アサヒ芸能新聞』との違いを象徴する次のようなエピソードを語ってくれた[4]。

　電話するでしょ、それで「『アサヒ芸能』です」っていうとね、喜んでた時代がある。それが電話して「『アサヒ芸能』ですけど」っていうとね、(イヤそうに)「なんですかぁ」って、こうなるわけよ。芸能人だから。もう世間が『アサヒ芸能』に書かれるっていうのを、梨元〔筆者注：芸能リポーターの梨元勝氏〕じゃないけど、突撃じゃないかと思われるわけですよ。昔は、そうじゃないから。保守的だったから、もう、芸能界を育てるためにやってるようなものだったから。

　徳間氏は週刊誌『アサヒ芸能』の発行に際して、『アサヒ芸能新聞』時代に培っていた取材網を活用できる編集方針を立てたと語った。だが布留川氏のこの語りからは、それが単純な『アサヒ芸能新聞』からの引継ぎではなかったことが分かる。電話をして喜ばれていた取材相手との関係は、電話口で嫌そうに「なんですかぁ」と言われる関係に変わる[5]。「保守的」で「芸能界を育てる」ためにやっていたような雑誌がもっていたネットワークをそのままに使っていたなら、このような変化は起こらないだろう。なおかつ、布留川氏は引き継がれたもう一つの遺産である「アサヒ芸能」というタイトルについて次のように語っている。

　大変邪魔なんですよ、はっきりいって「芸能」って。で、「芸能」とっちゃうと『週刊アサヒ』になっちゃって、これはまずいからね、『週刊朝日』あるから、これはつぶれないからね。だから難し

第1章　週刊誌『アサヒ芸能』の誕生

いんですよ、誌名って大変大事なんですよ。個人的な名前とおんなじでね。

　弱小出版社がもっていた数少ない財産の一つが、「芸能」という世界とのつながりであり、もう一つが、長年発行され続けてきた「アサヒ芸能」というタイトルの知名度。付け加えれば、そのタイトルには現在の『アサヒ芸能』とは異なる肯定的なイメージまでついていた。これらは間違いなく週刊誌『アサヒ芸能』としての再出発に、有利に作用したはずである。にもかかわらず、布留川氏は、このタイトルの「芸能」が「大変邪魔」だったと言う。しかもそれは、布留川氏だけの考えではない。これと同様のことが、徳間氏の談話として、徳間書店の社史にも記述されていた。

　　誌名改題のチャンスは何度かあったが、このときが最高のチャンスだった。しかし"弱小軍団"が食っていくのに危険な冒険はできなかった。そこで『アサヒ芸能新聞』という多少とも知られたポピュラーな誌名にこだわりすぎた。あのとき、もし『週刊中央』『週刊問題』『週刊首都』などといった誌名に切り替えていれば、その後の展開はもっともっとちがったものになっていただろう。社員諸君も誌名に制約されずのびのびやれたと思う。私の大きなミスだった[6]。

　徳間氏の談話と布留川氏の話から、「社員諸君」を制約したのは「アサヒ芸能」の「芸能」という文字だったと考えられる。しかし現代の『アサヒ芸能』しか知らない筆者にとって、「芸能」という文字が一体どのように『アサヒ芸能』を制約しているのかは、まったく実

感がわかない。少なくとも現在の『アサヒ芸能』が「芸能」という文字のために、誌面づくりを制約されているようには見受けられない。事件や事故、ヤクザもの、性風俗店やアダルトビデオの情報などによって埋められた誌面からは、編集者が「誌名に制約されずのびのび」やっているようにみえる。一体、布留川氏が「大変邪魔」といい、徳間氏が「大きなミス」だったと語る「アサヒ芸能」という誌名による制約とは、どのようなものだったのか。週刊誌『アサヒ芸能』草創期のメンバーに、それほどまで「芸能」という字を「邪魔」だと感じさせたものとは、何だったのだろうか。

　この問いに接近するために、布留川氏が「アサヒ芸能」を冠する二つの雑誌のギャップをどのように経験したかを知ることが重要だと筆者は考えた。そこで、その後も数回にわたって、『アサヒ芸能新聞』から『アサヒ芸能』へと移行した時期のことをより詳細に聞き取ろうと試みた。だが残念ながら、この問いを解く手がかりとなりそうな語りを、布留川氏本人から引き出すことは、とうとうできなかった。インタビュー技術の未熟さだといってしまえばそれまでだが、布留川氏にとっての『アサヒ芸能』とは、自らが最も活躍していた1960年代を指し、二つの「アサヒ芸能」の端境期ではなかったことも大きな要因だった。布留川氏へのインタビュー以外のデータが必要となってきた。

　そのデータはやはり徳間書店で手に入れることができた。筆者は数ヵ月に一度くらいの割合で東京に行き、一週間ほど滞在して編集者へのインタビューなどを行っていた。ただし、一週間ペースで発行される週刊誌の編集者と話ができる時間は、ごく限られたものでしかない。幸い、徳間書店の地下にあった書庫を自由に使わせてもらえることになったので、午前中から夕方まで、ほぼ毎日、利用さ

第1章　週刊誌『アサヒ芸能』の誕生

せてもらっていた。書庫には『アサヒ芸能新聞』をはじめ、週刊誌『アサヒ芸能』の第1号から最新号まですべて揃っていた。さらに『週刊新潮』や『週刊朝日』といった他週刊誌や月刊誌、新聞の縮刷版まで閲覧することができた[7]。そのなかで、やはりなんといっても一番大きな収穫だったのは、週刊誌に切り替わった最初の号から『アサヒ芸能』を通読できたことだった。そして初期の『アサヒ芸能』には、布留川氏の「芸能が邪魔」という言葉の意味を理解する大きな手がかりがあった。それが「愛読者サロン」と名付けられた、読者からの投稿コーナーである。たとえば1956年10月7日号、B5判第1号の「愛読者サロン」は次のようなものである。

　　国分寺のKさまへ
　　誌上をかりてお返事いたします。私も中学二年と小学四年の二人の娘の母ですが一家全員、錦之助さんのファンで後援会に入っています。住所は失礼しますが、いつまでも錦之助さんを応援しましょう（墨田区厩橋　増田）

　　国分寺のKおばさま。錦ちゃんのことについてお問合わせ。さしでがましいようですが、後援会にお入りになるとよろしうございます。〔略〕どうぞお入りになっておばさまのお子さまと私とお友だちにさせて下さい。（神奈川県川崎市登戸　錦之助ファンより）
　　【記者から】登戸の方、編集部まで御住所お知らせください。Kさまに御連絡しますから……。

　これがあの『アサヒ芸能』の投稿欄である。とくにB5判第1号は、タブロイド判時代に読者が投稿したものが掲載されているわけだか

図 1-1　B5 判第 1 号の「愛読者サロン」(1956 年 10 月 7 日号)

第1章　週刊誌『アサヒ芸能』の誕生

ら、この内容は『アサヒ芸能新聞』がどのような雑誌であったかを如実に物語っている。当時の映画スター・中村錦之助のファン同士が『アサヒ芸能新聞』というメディアを通して交流し、編集者が積極的にサポートする。このような『アサヒ芸能』ならば、電話をして「アサヒ芸能」です、と名乗って相手が喜んだことも、「保守的だったから、芸能界を育てるためにやってるようなものだったから」という布留川氏の言葉も十分に肯ける。ちなみにこの号の目次はつぎのようなものである。

　特集　女優読本
　一周忌を迎えたジェームス・ディーン
　気違いファン・リーグ（野球）
　相撲ファン娘ッ子気質
　青春特集　結婚も"ドライ"ばやり
　新映画紙上封切
　街でみる映画評
　グラビア
　1956年度・スター・歌手人気投票

「芸能界を育てるため」にやっていた『アサヒ芸能新聞』から切り替わって最初の号だけに、スターの人気投票や映画評といった「芸能誌臭」が強く残っていることがわかる。だが廃刊の危機を打開するために生まれた『アサヒ芸能』の誌面が、『アサヒ芸能新聞』時代のままであっていいはずがない。『アサヒ芸能新聞』時代にはなかった新機軸が打ち出されねばならなかった。

私はながい間ア芸〔注：ア芸は『アサヒ芸能新聞』の通称〕を愛読しました。娘（中学生）も息子（高校生）も本のくる日を待ちこがれて、楽しみに読んでおりました。それがこの頃ではすっかり変り安心して子供たちに見せられなくなりました。娘などはいやらしい本だからやぶって捨てましょうと二人で捨ててしまいました。映画、芝居などの記事はすくなく清潔な若い人たちにこんな本は真平です。こんなア芸が前より売れるとしたら読者の層が前と違っているのでしょうね（滝野川　前愛読者より）（1956年11月4日号）

　それまでなら母と娘が待ちこがれていた「ア芸」が、「いやらしい本」だからと破って捨てられてしまうようになる。その理由は、徳間氏が編集方針について語った中にある。すなわち『アサヒ芸能新聞』の取材網を活かすために掲げた「芸能、スポーツ、風俗」の「風俗」である。
　映画や芝居のスター、スポーツ選手の話題はともかく、「風俗」はア芸愛読者にとって明らかに異質な要素であった[8]。ここでみたア芸前愛読者の不満の声は、決して例外ではなかった。

　小型になってから内容もむずかしく、セックスのことも出ていたりして、娘にみせられません（大宮市　ひばりファンの主婦）（1956年10月28日号）

　10月21日号の特集、ある人にお見せしたら'お色気の本みたい'といわれ残念でした。あんな記事をのせず芸能方面の感じのよいことをのせてください（台東区入谷町　笠井泰夫）（1956年11月11日号）
〔傍点筆者〕

第1章　週刊誌『アサヒ芸能』の誕生

　ア芸ファンにとっては、タブロイド判からB5判への移行とは、あくまでも小型化という雑誌の判型の変更でしかなかった。ゆえにタブロイド判からB5判に切り替えてしばらくの間、『アサヒ芸能』編集部には、新たな編集テーマとして登場した「風俗」への、読者からの違和感や反対の意見が届けられることになる。このような編集者の思惑と読者の期待とのズレとを生み出していた最も大きな要因が、「アサヒ芸能」というタイトルと、そのタイトルがもっていた「芸能界を育てる芸能雑誌」というイメージにあった。雑誌の作り手が読者からの反応を無視して、「芸能誌臭」を脱していくことは容易なことではなかったろう。実際、週刊誌になってからもしばらくは、『アサヒ芸能新聞』がもっていた芸能誌臭を消し去ることはできなかった[9]。週刊誌『アサヒ芸能』としての再出発を試みるも、それを簡単には認めてくれない芸能誌『アサヒ芸能』の読者がいる。布留川氏の、「'芸能'という字が大変邪魔なんですよ」という語りの意味、あるいは徳間氏が語った「制約」とは、この文脈においてはじめて了解される。

　だが以上のような「ア芸」愛読者からの不満をよそに、B5判に切り替えてから週刊誌『アサヒ芸能』は順調に部数を伸ばしていた。タブロイド判時代にはどんなに頑張っても３万部前後で停滞していた売り上げが、１ヵ月に１万部ずつの勢いで増刷され、1956年12月30日号の有代発行部数は７万部を突破した。そして「芸能誌」から脱皮し、『アサヒ芸能』としての方向性をはっきりと打ち出していくことを決断させた特集がうまれる。1957年２月17日号の特集「アパートのセックス――変貌する都会のセックス――」である。

日本住宅公団をはじめ各種の公営アパート、民間のマンションが建ちはじめていた。集合住宅のはしりは関東大震災後の同潤会アパートだが、こんどは鉄筋コンクリートの高層住宅である。そこには新しい「住風俗」が生まれるだろう、新しい「性風俗」も生まれるにちがいない——足で歩いて「アサ芸」風にまとめ上げた八ページの「新風俗」特集を組んだ。

　七万六〇〇〇部刷って、返品は一割九分と、二割を割った[10]。

　1956年、経済白書は「もはや戦後ではない」と謳った。戦争によって打ちのめされ、いつ終わるとも分からない真っ暗なトンネルを走り続けてきた人々は、ようやく自分たちの進むべき道が明るく照らされた思いを抱いたことだろう。都市には新たな時代を告げる団地が次々と建てられ、そこでの「近代的」な暮らしは憧れの的となった。「団地族」という言葉が登場し、清潔なキッチンにダイニング、三種の神器であるテレビが置かれたリビングでの家族団らんは、戦後を象徴するライフスタイルとなった。

　この変化はいわゆる「ニュース」ではない。時代の空気とでも呼ぶほかない現象である。その空気を吸って生きている人たちの生活こそがまさに徳間氏が焦点をあてた「風俗」であり、この新たに生まれた風俗を、「性」風俗という視点で切っていく。返品率1割9分という読者の反応は、新聞社系週刊誌とも『週刊新潮』とも違う『アサヒ芸能』独自のフィールドへの自信となった。

　1957年3月、表紙の題字下に入れていた「映画・ステージ・娯楽・スポーツ・流行」という文字が消える。「庶民ジャーナリズムとして社会・風俗を中心につっこんで」[11]いくという方針が固まった。芸能誌ではない、週刊誌『アサヒ芸能』が誕生した。

第1章　週刊誌『アサヒ芸能』の誕生

注

1　1999年7月26日、徳間康快氏へのインタビューより（当時まだ新橋にあった徳間書店の社長室にて）。

2　『アサヒ芸能新聞』の創刊は1946年11月にまで遡る。芸能プロダクションであるアサヒ芸能社の宣伝媒体として始まった『アサヒ芸能新聞』は、その後の売れ行きの好調にあわせてアサヒ芸能新聞社として独立。当時の編集長兼社長は竹井博友氏だった。竹井氏はその順調な売れ行きから1953年に「日東新聞」という日刊新聞の発行にも踏み切った。しかしこれが失敗。借金返済のために「アサヒ芸能新聞」というタイトルまで売却しなければならなくなった。「アサヒ芸能新聞」とうタイトルに愛着をもっていた組合執行部は、タイトルの買い戻しと復刊を希望していた。このとき「日東新聞」の副社長として労使交渉にあたっていたのが徳間康快氏であり、幾度も繰り返された激しいやりとりによって徳間氏に対する信頼をもった執行部が、『アサヒ芸能新聞』復刊の話を彼に持ち込んだ。これをきっかけに1954年、東西芸能出版社を設立し、「アサヒ芸能新聞」というタイトルを買い戻して、復刊にこぎつける。ここに見るタブロイド判『アサヒ芸能新聞』とは、以上のような経緯で徳間氏を社長とする東西芸能出版社で復刊された『アサヒ芸能新聞』のことである。

3　以下、『アサヒ芸能新聞』時代の記述は主に、徳間書店社史編纂委員会（1984）を参考とする。

4　1999年10月26日のインタビューより。

5　布留川氏のこの語りをうけて、1973年入社で、元編集長の長綱和幸氏（故人）は次のように話している。「私らはそれを知らないから、もう"『アサヒ芸能』だ"というと、大体嫌われてましたけどね。水、ぶっかけられて、"警察呼ぶぞ"って（笑）」。

6　徳間書店社史編纂委員会（1984: 94）。

7　ただし徳間書店の社屋が新橋から現在地へと引っ越したとき、書庫にあった大量の資料は処分されたそうだ。

8 　『アサヒ芸能新聞』時代からのネットワークで「芸能・スポーツ」への取材網が活用できることは理解できても、なぜ「風俗」であるのかは謎であった。しかし社史にはそのヒントとなる記述が掲載されていた。「この時期〔＝1955年ごろ：筆者註〕、社員の広告部員は二、三人で、ほかに十人ばかり歩合いによる嘱託社員がいた。この十二、三人が、ある朝、たとえば浅草の雷門に集合する。いっせいにそのへんの商店街に散って、連合広告をとる。'盛り場特集' と銘打って新宿、渋谷、池袋などの盛り場を順にやっていく。居酒屋などは、夜行って一杯飲んでの営業である。〔略〕連合広告では、正月の有名スター名刺広告、私鉄沿線の観光地特集、大阪支社では温泉地特集など、思いつくものにはなんにでも挑戦した」(徳間書店社史編集委員会　1984: 78)。零細出版社であった東西芸能出版社が広告を取ることは決して簡単なことではなかった。広告部員は盛り場を歩き回り、各観光地、温泉地を営業に回ったとある。それはまさしく週刊誌『アサヒ芸能』が得意とした「盛り場」や全国の温泉地めぐりといった雑誌つくりの土台となる取材網と重なるものである。

9 　芸能誌『アサヒ芸能新聞』と週刊誌『アサヒ芸能』の混在ぶりを如実に示すのがこれまでもしばしば言及してきた「愛読者サロン」と「ファンの便り」というコーナーである。とくに10代から20代の中高生、学生の投稿がほとんどだった「ファンの便り」は週刊誌に切り替わってすぐになくなったが、読者からの「ファンの便りをぜひ復活してください」という要望により復活するものの、またすぐに消えてしまう。「愛読者サロン」についても「サロンが少ない」という不満の声が上がるが、1957年に入ってからはどんどん誌面が削られ、最低でも1ページはあったものが、1957年3月には頁の一番下の段組だけになってしまう。裏をかえせば、1957年に入ってからは「週刊誌」としての『アサヒ芸能』が本格的に確立されはじめたということであろう。

10 　徳間書店社史編纂委員会 (1984: 97)。

11 　徳間書店社史編纂委員会 (1984: 97)

第2章
「二流」のスタンスの確立と赤線

――――――――――――――――――― 1. 風俗としての赤線

　タブロイド判『アサヒ芸能新聞』からB5判『アサヒ芸能』への切り替えは、判型の変更にとどまらない、雑誌のあり方そのものの変更でもあった。風俗、とりわけ性風俗を編集の柱にすえた移行は、必然的に「ア芸」時代からの愛読者の切捨てを伴うものでもあった。

　雑誌にとって、既存の読者層を失うことになるかもしれない編集方針の変更は、非常にリスクの高い賭けである。にもかかわらず、成功したのはなぜだったのか。筆者がこの問いを布留川氏に投げかけたとき、彼はこう答えた。「どこでもあるっていうことだろうね、わかりやすくいうと。ネタが」[1]、と。

　時代や場所が変わっても、(性)風俗や性への関心は変わらず存在

＊通巻600号表紙　昭和32年12月29日号　©徳間書店
　カメラ／中村立行　モデル／金田一敦子

する。つまり、必ず一定の読者の興味に訴えられるネタだということでもある。その需要に訴えたからこそ、たとえ従来からの読者層を失うことになったとしても、『アサヒ芸能』はより多くの新たな読者層を獲得しえた。それゆえ、以後半世紀にもわたり性風俗は、『アサヒ芸能』の大きな編集の柱であり続けたのである。

『アサヒ芸能』が性風俗という切り口を、編集の柱として確立していった過程において決して忘れてはならないものがある。1956年制定の売春防止法によって、その歴史を閉じることとなった赤線[2]である。〔F：布留川氏、Q：筆者〕

> F：結局、赤線を取り上げるっていうよりも、風俗を取り上げよう、セックスを取り上げようっていうのは、当時の編集長の発案ですよね。それであのときは、社長が編集長だったか…、どうだったか…
> Q：社史には、社長がそのまま編集長で、昭和34（1959）年に発売停止事件[3]があって、社長が病気で倒れられて、それで山下さんに編集長が代わる、と書いてありました。
> F：じゃ、そいつに合わせていくと、B5判になっても編集長やってたわけだな、社長が。じゃ、社長がやっぱり、風俗として赤線取り上げたほうがいいっていったんですね、最初。

風俗として赤線を取り上げる。徳間氏がこの判断を下した理由を、徳間氏自身に確認することは今となっては不可能である。しかし売春禁止法[4]の制定にからみ、国会やマスコミで喧々諤々の論争が繰り広げられ、世論の注目も高かったこの時期に、漫然と赤線を記事にしても仕方ない。「風俗として」という徳間氏の方針には、当時の

第2章　「二流」のスタンスの確立と赤線

赤線をめぐる語りとの差異化が意識されている。だとするならば、徳間氏にそのような差異化を選ばせることとなった、赤線をめぐる当時のメディアの「一般」な語りとはどのようなものだったのか。と同時に、筆者は、メディアによって切り取られた赤線の姿だけではなく、売春防止法制定以前の、赤線を「日常」とした世界にも迫りたいと考えた。同じ「赤線」という日常から、当時のメディアが切り取った赤線という「図」と、『アサヒ芸能』が「風俗として」という視点から「図」にした赤線との対比が、より鮮明になるからである。

　よって本章では、まず赤線を日常とした吉原に注目し、元赤線業者である福井某氏(仮名・匿名希望)へのインタビューをとりあげていく。福井氏のような赤線業者が当時のマスメディアではどのように語られていたのか、『アサヒ芸能』ではどのように扱われるのかをみることで、その「図」の違いを明示していく。

2.　赤線吉原と売春防止法──元赤線業者の回想から

　筆者が初めて東京・吉原を訪れたのは1999年7月24日のことだった。宿をとったひさご通りから20分ほどの道のりを歩いて、吉原弁財天の前を通り過ぎ、ゆるやかなカーブを抜けると、いまではソープランド街となった吉原に到着する。元赤線業者の福井氏との約束の時間は午前10時。時間に余裕をみて宿をでたので、ずいぶんと早く着いた。

　朝の吉原にはほとんど人影がない。片側一車線の広くもない車道を走る車もあまりない。歴史のありそうな和菓子屋の、こぢんまりとした店内のガラスケースには美味しそうな饅頭が並んでいた。約

束の時間まで間があるので散策してみると、それほど新しくもないマンションや駐車場が目に付いた。不夜城吉原、あるいはソープ街吉原というイメージとは程遠く、盛り場というにはあまりにも色彩に乏しい。すがすがしい朝の空気のなかに、おそらくは明け方まで繰り広げられただろう悲喜こもごもの気配を感じ取らせる、あの盛り場独特の朝の顔はどこにもない。なにか町のなかにある大きな工場を思わせる。猥雑さや淫靡さが漂ってくることもなければ、生活感もない。そんな印象だった。

　時間をみはからって、福井氏のマンションへと向かった。玄関で出迎えてくれた福井氏はこのとき70歳を過ぎていたが、足取りもしっかりし、落ち着いた様子で筆者を部屋に招きいれてくれた。リビングの壁には、警察からの感謝状のようなものが何枚か飾られていた。福井氏は一人暮らしだったが、掃除がよく行き届いており、決して広くはないが、明るい清潔な雰囲気のする部屋だった。福井氏と対面する形でソファに座ってから、今回の訪問の意図を説明し、少しずつ話を伺っていった。

　二回目以降の訪問で気づいたことだが、福井氏は最初はかなり慎重に、この珍客の質問に答えてくれていたようだった。インタビューの録音はしないでほしいということと、名前を出さないでほしいという条件で福井氏の話をメモしていった[5]。

2.1　吉原の業者となる経緯

　福井氏は北陸地方の農家の出身だった。14歳のときに工場へ働きに出て、20歳で軍隊に召集、敗戦の1945年に25歳で復員した。長兄は戦争が終わっても生死不明で、年老いた両親のこともあって、実家の農業をつぐために帰郷した。しかし1946年5月になって中

支[6]に出征したまま音信不通だった兄が復員してきた。福井氏は「病気や怪我、その他の理由で困ったときには援助してもらう」という約束をとりつけ、その年の11月、吉原で特飲店[7]を経営していた妻の両親を頼って上京した。

　妻の父は1944年に吉原にやって来るまで、東京の遊郭・洲崎のある店の番頭をしていた。そこが軍需工場の寮として接収されたのを機に吉原へと移ってきたのだそうだ。当時、同じような理由で洲崎から吉原へと移った店は19軒あったと、福井氏は聞いている。

　敗戦後、義父は貸座敷業としての営業許可を申請した。義父の話によれば「吉原に早く戻って、営業を始めるように」という警察からのお達しがあったからだそうだ。そこで1945年の秋から、翌年6月頃までには店を建てられる用意をしていた。ところが、義父がかき集めた建材の3分の1ほどを、ジープで乗り付けたMPによって持っていかれる。吉原の三業組合があった場所にGHQの兵隊のための衛生施設をつくるから、という理由だった。「(建材を)持っていかれたら、うちは困る」という義父の訴えは、MPが突きつけた拳銃の前では無力だった。「日本は負けた国だから、仕方なかった」と福井氏は語った。結局、店が完成したのは、福井氏が上京するほんの少し前だった。

　当時、吉原は焼け野原が広がり、まだ12、3軒ほどしか営業していなかった。「税務署と警察が一番、こわい」という義父は、税務署の人間が店に来る日は必ず田舎に帰っていて、実質、福井氏が対応にあたった。義父から正式に営業責任者としての立場を引き継ぐことになったのは1952年のことだったが、この前後から女性議員が中心となって売春禁止法制定の機運が高まりだした。

2.2　税金と取り締まり

「この年が一つの節目だった」。福井氏がそう語る1950 (昭和25) 年[8]から、吉原の業者は税金と警察の取り締まりという、二つの縛りに四苦八苦するようになる。

最初、公娼を潰すのに有効な手段だと考えられたのは、売春禁止の法制化ではなく、「税金」だった。「今年 (の税金) が100万円なら、その次の年は150万、さらにその翌年は200万という具合にあがっていった」というのである。また「吉原に対する風当たりが強くなってきたという変化を実感した出来事はありましたか」という質問に対して、福井氏は後日、次のような回答を書き送ってきてくれた。「(昭和) 26年度税金が前年の3倍となり半額滞納となり、家屋を差し押さえられた」。

1953 (昭和28) 年頃には税金の取り立ては一層、厳しさを増し、税金を3ヵ月滞納すれば、すかさず税務署に差し押さえられ、その延滞利息も非常に高額なものだったという。

1958年の赤線廃止のとき、ほとんど財産は残っていなかったが、「それでも、うちは借金がなかったから、良かったんだ」と福井氏は繰り返した。というのも、税金の滞納などで借金のあった業者は店、つまり自分たちの家を吉原の不動産ブローカーに安く買い叩かれていた。赤線消滅後の吉原がどうなるのか、さっぱり見当がつかなかったためである。地価は吉原周辺よりも低くなっていた。福井氏の181坪の店も480〜500万円位だと言われた。吉原の店が払っていた税金が100万円から200万円といわれていたことを考えると、決して高くはない。幸い福井氏は税金の滞納も借金もなかったために、家屋を売り払う必要はなかったが、多くの業者が安く家を売り払うほかなく、その半数以上が、夜逃げ同然で出ていったそうだ。

第 2 章 「二流」のスタンスの確立と赤線

　税金とは別に、福井氏が業者への風当たりの強さを実感した出来事が、特飲店での未成年者使用と中間搾取の禁止に対する警察の徹底取り締まりだった。このことについて、福井氏は二つのエピソードを手紙に書き記してくれている。

・持ってきた戸籍抄本を調査したところ、姉のものと分かり（本人は未成年）断わり、危ふく難を免れた。その人を使った他店は違反で検挙された。

・突然警察に出頭するやう言われ、お前のところでは、桂庵（従業員紹介人）から人をいれただろう、証拠が上がっているんだと言われ、よく聞いてみると、知らない人だったので、再度調べるやう言うと、1時間ほどしてからかへれと言われた。後で聞くところに依ると他店と間違えたらしい。

　営業上の規制として業者は、1）未成年者を営業に従事させてはならない（児童福祉法）、2）個人の自由を束縛してはならない、3）収入は業者4割、従業者6割（業者は食住及び営業に関わる一切を負担）、4）従業者の健康管理に細心の注意を払うこと——を守らねばならなかった。こうした規制によって、店の営業の仕方も変わっていった。

　（昭和）27、8年頃からは女の子は自分の意思でもってやってくる。気に入らなければすぐやめていた。業者の方はいつ女の子がやめていくか分からないから、かえって気を遣ったくらい。前借ができなかったし、女の子も借金がないからすぐにどっかに行っ

てしまう。

　たしかに搾取といわれるようなことをしていた業者は皆無ではないが、戦後においては人身売買は違法。逮捕されるんですよ。2、3軒はそういうのがあったかもしれないが、家族があるからそんな無茶なことはしなかった。長男が昭和23年に生まれていたし、逮捕となれば、大変なことになる。それが十分わかっているから、逮捕されるようなことはしなかった。それができるのはごく僅かな人だけだったろう。少なくとも赤線の内部では随分前に人身売買とか搾取といった、郭のようなものはなくなっていた[9]。それでも小説やなんかでは、昔の郭のイメージを面白おかしく書いている。でも戦後でそういう人っていうのはほとんどみなかったね。

　戦後になってお店の方に女の子が「働きたい」といってやってくる。そういうときにはまず「生家はどこか」を聞いていた。そしてすぐにそっちに連絡するわけだが、そういうとき割りに多くの人が「お宅の方でよろしく仕込んでください。(その子がいると)人目に悪いから、そうして下さい」という。生活に困って、というのは余りいなくなっていた。

　法を守らなければ逮捕される。業者であっても普通に家族を持ち生活している。ましてや小さな子どもがいるのに、逮捕の危険を冒してまで、無茶な経営をしたりしない。これが売春禁止をめぐる議論が盛んに行われだした頃の、福井氏たち吉原の業者の認識だった。借金で女の子を縛るというやり方も、もはや違法。仮に女の子が前借をして、いなくなったとしても業者は警察に訴えることもできない。前借をしたことを理由に逆に逮捕されてしまうからだ。吉原の

業者への締め付けは、日を追うごとに厳しくなっていった。その理由を福井氏は次のように語っている。

> 鯛を潰すには、まず頭を潰せということが言われた。つまり鯛という美味しい魚（＝公娼）には人が集まってくる。その鯛をつぶすには、頭である吉原をつぶせということ。だから地方のほうではそれほど（取り締まりが）厳しくなくても、吉原はかなり厳しくやられた。公娼制度を代表するものだったからね。

2.3　売春防止法制定の議論のなかで

「鯛の頭」をつぶそうとする運動は、婦人議員やマスコミを中心にしてどんどん高まっていった。それまでは国会で何度も流産してきた売春禁止法も、いよいよ制定が避けられない情勢になる。そのような状況のなかで1956年、吉原を舞台に「売春疑獄」として騒がれる事件が起きる。赤線業者から国会議員への賄賂の受け渡しがあったことが発覚したのである[10]。

> 溺れる者はワラをもつかむ、というんで、少しでも営業を続けようと思うのは、人情的にもよく分かる。業者の側が少しでも存続させようと思うのは当たり前。生活がかかっていたんだから。で、代議士なんかは個人的に会った時には、上手いことを言う。「これは必要悪」なんていうことを言うが、当時の婦人議員なんかに気圧されて発言しない。マスコミなんかも「（赤線の女性は）束縛されている」とか「人身売買だ」とか言って業者のことを叩く。確かに吉原には2〜300軒もお店があるから、なかにはそういうことをした不心得者もあったかもしれないが、大部分のお店は警視庁

から指導を受けていてそういうこと(人身売買や束縛)がダメだと分かっていた。

　当時、婦人議員なんかと意見交換なんかをするのに集まったりしていたが、向こうが一方的に話をして何か言うと「罪悪感がない」と言われて、おしまい。言いたいことだけいうとさっさと帰ってしまう[11]。それで業者の言うことは、新聞やラジオ放送にしても一切取り上げられない。ただ悪いことだけは大々的に放送していたの。

　(売春疑獄があった当時)まだ20代後半から30代のうちは、世間が一般的に一人前としては認めていませんよね。だから私は当時は、組合があぁせい、こうせい、という通りに動いていた。

　吉原はいってみれば中小企業ばかりのところで、しかもほとんどが小企業。だからみんなどうすればいいのかわからず、まったく手探りの状態だった。それでもみんなわりあい家は大きかったから、旅館に転業しようということになったけど、みんな金をもっていなかったから、旅館法による施設になかなかあわせられなかった。そこで徐々にその規定にあわせていくという話になったわけ。

「生活がかかっていた」。これが福井氏が何度も強調した言葉だった。当時は、マスコミでも国会でも「吉原は悪い」の一点張りだったといい、業者の方は生活のためになんとかしてくれと、陳情を繰り返す。一生懸命、訴えてみても誰も聞いてくれないし、マスコミは取り上げてもくれない。「売春疑獄」はそんな追い詰められた業者側の窮余の策であり、と同時に「業者＝悪」という決定的な証拠となった。

第 2 章　「二流」のスタンスの確立と赤線

　1956年5月21日、売春防止法公布。1958年4月1日に全面施行。赤線の灯は消える。

2.4　廃業の日

　福井氏自身の赤線消滅の日をたずねてみると、「あれは忘れもしない昭和32年12月25日」と語り始めた。

　その日、店に警視庁から通達が来た。「営業許可証と印鑑をもって出頭せよ」という命令であった。福井氏が許可証をもって警視庁へと出向くと、係官が名簿に書かれた福井氏の名前に印を押した。「許可証を出して」と言われ、係官に大事な店の許可証を渡すと、係官は受け取ってすぐにゴミ箱にポイと投げ捨て、呆然とする福井氏に向かって「もう、帰っていいよ」と素っ気なく告げた。目の前で、自分の店の営業許可証がゴミくずとして捨てられたことは、福井氏にとって忘れられない出来事だったようだ。紙をクシャッと丸めて放り投げる仕草をまじえながら、「ポイとゴミ箱に捨てられた」時の様子を繰り返し説明してくれた。そして昭和33年3月までは営業が続けられると思っていた福井氏は、「今年の12月30日までに店を閉めるように」と、営業禁止を言い渡されて帰ることになった[12]。福井氏は驚き、戸惑いつつもその命令に従うほかなかった。これは福井氏の店が有限会社の形態をとっていたためだった。1958（昭和33）年3月31日まで営業を許可されていたのは、個人経営の店だけで、有限会社は前年の12月30日までに廃業しなければならないとされたのである。

　福井氏は、店の女の子たちに、「『もしいい人がいるなら、その人と所帯を持ちなさい』と言って、所帯を持ちたいという人はみんな出した」という。すでにこの頃には女の子は取らなくなっていたし、

出たいと言えばどんどん出した。そして最後の日がやってくる。

　(昭和)32年の12月30日は、残った店の女の子7人ほどのお別れ会をしたんですよ。当時は従業員といってもせいぜいおばさんが一人いる位で、あとはみんな自分たちでやっていた。今まで一緒にやってきたから、最後の夜はみんなでお別れ会をした。そしたら12時を1分過ぎると警視庁の車が取り締まりにやってきた。まさか店に入ってくるとは思わなかった。警察は(業者の)名前をチェックしているから、どこが、いつやめるのかちゃんと知っていた。

　こうして売春防止法施行日よりも数ヵ月早く、福井氏は廃業することとなった。福井氏にこのときの気持を聞いてみた。(F：福井氏、Q：筆者)

　F：昭和32年12月30日は、正直言うとホッとした。先行きの不安というのももちろんあったが、それ以上に、ホッとした。(昭和)28、9年頃から公娼反対というのが多くなって、それが終わったときには、今日からゆっくり寝られると思ったね。実際、制度の中でがんじがらめにやっていくことの方がしんどかった。
　Q：制度のなかでやっていくというのは？
　F：警察の取り締まりがしんどかったというのでもない。警察の方からはあれはいけない、これはいけないと言われることが分かっていたし、いけないと言われることはしなかった。公娼という制度のなかでやっていくことが、しんどくなっていたね。

第2章 「二流」のスタンスの確立と赤線

　警察の取り締まりはルールがはっきり決まっている。やってはいけないことをやらなければ、心配することはない。すると福井氏がいう「公娼という制度のなかでやっていくことが、しんどくなっていた」とはどういう意味なのか。

　おそらくは、赤線業者であるというだけで、一方的に「悪」だと批判されつづけることへの疲れだったのではないだろうか。家族のこと、生活のことを考えて、どんなにルールを守ってやっても、「業者＝悪」だと非難され続ける。公娼という制度のなかにいる限り、どんな声も届きはしない。そんな徒労感から解放されたのが、昭和32年12月30日だったのかもしれない。

2.5　赤線廃業後の吉原

　インタビュー中も、インタビューを終えてからの会話でも、温和で明るかった福井氏が、一度だけ語気を強めた。子どもの話だった。

　　何年か前に、子どもを学校に行かせるのに吉原の中道通りを通るのが一番近いのだけど、風紀が悪いから回り道にはなるが、(吉原の)外側の道を歩かせている、と会議で発言した人がいた。
　　何が風紀が悪いものか。ここでは教育にすごく気をつかってやってきた。吉原の子どもで、万引きをした奴がいるか？　吉原にいる女の子だからといって売春で捕まった奴がいるか？　なにが風紀が悪いんだ。

　戦前、吉原に子どもはほとんどいなかったが、戦後になって女の子たちに所帯を持たせるようになって、町内に100人ほど子どもがいた時期があったという。家族と生活のために必死で働いていた福

井氏をはじめとする吉原の人たちは、後ろ指さされることのないように教育にはかなり気をつかったという。だが現在では、その子どもたちを吉原でみることはほとんどないし、福井氏の町内にも２、３人の子どもしかいないそうだ。特殊浴場が増え、住宅がほとんどないのがその理由らしい。筆者がこの街に、どこか町中の工場のような、生活感のない印象を抱いたのも、的外れではなかった。

　福井氏はすでに現場を離れ、現在の「特浴のことはよくわからない」という。時代や政治にあまりにも翻弄されやすい、こうした商売の危うさを身をもって体験してきた自分たちが、「生活していくために」奔走していた時代を、「いまここで商売している若い人たちが、どれだけ知っているのかな」とつぶやいた。

3. マスメディアと売春防止法

　売春防止法制定時期、赤線業者の話に耳を傾けてくれる新聞もラジオ放送もなかったという。では実際、その取り上げ方はどのようなものだったのか。徳間氏に「風俗としての赤線」という切り口を打ち出させることになったであろう、当時の新聞、週刊誌に掲載された売春防止法に関連する記事をみていこう。

　　東京都内の赤線地帯従業員すなわち売春婦の組合が、「東京都女子従業員組合」という名でつくられ、その結成大会が浅草公会堂で盛大に開かれた。ところが奇怪にもその背後には、売春禁止法案の成立に努力してきた社会党の党員がいるし、同党の代議士の中にはこれに祝電をおくったものもあるというのである。

第 2 章 「二流」のスタンスの確立と赤線

〔略〕

　やむをえず、あるいは結果において、売春が職業化してしまったものと、初めから売春を有望な事業と見て、これに投資し、それによって大きな利益をあげているものとはハッキリ区別されねばならない。両者を混同し、"生活権擁護"の名のもとに、後者の立場を合理化しようとするのは、明らかに憲法違反である。そのために労組にまぎらわしいような組織をつくり、この反社会的な企業の強化や永続化を計るものが、社会党を名のるものの中から出て、党幹部もこれをほおかむりで通すとすれば、社会党にとってはまさに自殺にひとしいといわねばならぬ。(『週刊朝日』1956年1月29日号)〔傍点筆者〕

　新聞社系週刊誌『週刊朝日』にとって、売春問題とは憲法に関連する問題であり、この記事の切り口は、社会党党員が赤線労働組合の結成をバックアップすることへの政治的道義を問うものになっている[13]。組合の結成は、従業婦たちが直面する問題解決にとって現実的な取り組みであったし、ここでやり玉にあがっている社会党党員は、そうであればこそ、この組合結成を支援していた。だが赤線を維持するものはいかなる形であっても糾弾される。また赤線を「生活権擁護」という名目で合理化するのは詭弁であり、そのような職業でもって利益を上げるような企業は「反社会的な企業」でしかないのである。「生活がかかっているから」こそ法律を守り、高い税金も納めている業者の姿は、この記事からうかがい知ることはできない。

　さらに売春防止法が制定された翌々日の『朝日新聞』の社説をみてみよう。

売春防止のための法律ができたことは、日本の社会が一歩ずつでも、向上しているという証拠である。これは、希望を未来にいだかせる事実である。これをテコとして、売春のない社会を、だんだんと築きあげてゆきたいと思う。
　それには、二つのことが重要である。一つは、売春婦にたいする保護更正施設の充実であろう。売春行為をなくすためには、国民全体の生活向上が行われ、貧しいために身を売ることのないような世の中をつくるのが先決であることは、いうまでもないが、さしあたり、売春婦の新たに生きてゆく道を与えてやることに、施策を急がねばなるまい。〔略〕
　第二は、売春営業を社会悪として強く憎む社会的環境をつくることである。この法律の成立にいたる経過をふりかえると、業者の反対は、陰に陽にすさまじいものがあった。この法律の刑事処分は、二年後に発効するわけであるから、業者としては、その間に、いろいろとヌケ道を考えるだろうし、またその手はあるという説もある。法律は万全のものでないから、ワル知恵をしぼれば、ヌケ道もあるだろう。しかしながら、およそ人の職業のうちで婦人の肉体を売買して利をかせぐ職業ほど、みにくいものはあるまい。〔略〕
　日本人全体が、自らのつくっている社会の向上を、真に望む熱意をもつなら、この法律の実効は期し得られるものと思う。(『朝日新聞』1956年5月23日社説)〔傍点筆者〕

　幾度かの流産の末に成立した売春防止法は、「日本の社会」が「向上」している証拠であり、この法によって売春婦を更正し、彼女達

第2章 「二流」のスタンスの確立と赤線

が生きる道を「与えてやる」ことが大切だという。婦人の肉体でもって利を稼ぐ売春業ほど「みにくいもの」はないというのは、まさにそのようにして営業を行っている赤線業者への批判以外のなにものでもない。そしてここでもやはり業者は、いかに法の目をくぐりぬけるかという「ワル知恵」をしぼる油断のならない存在であり、「社会悪として強く憎む」べき対象なのである。裏返せば、この「社会悪」を糾弾する側（＝メディアや政治家など）は、少なくとも当時においては、日本社会の正義の声だったということになる。

　以上のような論調は、当時としては決して珍しいものではないし、福井氏によって語られたマスメディアの対応とも重なる。元赤線業者である福井氏の声をきいたのちには、これらマスメディアの取り上げ方は、あまりにも一方的に過ぎ、「正義」という名の暴力を振りかざしているようにみえるだろう。

　しかし21世紀の現在からではなく、1950年代という時代において赤線や売春禁止の法制化の議論をみたとき、筆者自身、これらマスメディアと異なるスタンスを取れるかどうかは甚だ疑問である。公娼という制度が自明とされ続けてきた社会において、「人権」や「婦人の解放」という戦後の新たな価値観を高らかに標榜し、旧秩序の象徴ともみえる赤線を廃止すべし、という運動に疑義を抱くというのは困難であったろう。仮にそのような主張に対して違和感があったとしても、それを語るための切り口を用意することは、これまた容易なことではない。

　では「風俗として赤線をとりあげる」と語った徳間氏や『アサヒ芸能』においては、赤線業者はどのように取り上げられていたのだろうか。その切り口をみてみよう。

―――――― 4. 売春防止法と週刊誌『アサヒ芸能』

　1958年5月25日号の『アサヒ芸能』に「元赤線楼主の発言・異色座談会」という記事が掲載された。売春防止法施行から1ヵ月後に企画されたこの座談会には、売春問題についての著作もある神崎清氏を司会者に、赤線消滅後の吉原でカフェー喫茶共同組合理事長をつとめていた市川忠吉氏[14]と、吉原の旅館女将である前川キヨ子氏をむかえていた。

> 市川：神崎さんに叱られるかも知れないが、わたしは、新聞や評論家の人たちが、もっと協力してくれれば、あんな'汚職'はおきなかったと思うんです。あなた方はわたしたちがどうしようとしたか想像でしか知っちゃいない。
> 神崎：そういうが、あんた方は、ホラ吹き代議士にしかたのまなかったじゃないか。
> 〔略〕
> 市川：いや、交番にも、保健所にもいった。警視庁や、新聞社にもいったが、ぜんぜん、相手にしてくれないんです。'そりゃ、あんた方がえらんだ代議士がきめることだ'というわけだ。
> 〔略〕
> 前川：一〇軒か二〇軒がわるいことしても、三〇〇軒もある吉原がみんなわるいようにいわれるからかなわないわ[15]。戦争で一人か二人が強姦したら、みんなわるくいわれるのとおなじ。
> 神崎：吉原というとスグさわがれる。
> 市川：ほんのちょっとのことでも新聞や評論家がさわぎたてる。先生たち、大宅壮一さんなんかもそうだが、超然としてるだけ

で教えてくれる親切心がない。顔にスミがついてるよと批評する。こっちはみえない。ついてるよといったついでに、そのスミが油のスミか何のスミか、落し方はどうかぐらいまでいってくれてもいいと思っています。

神崎：いまさらおかしい。もう、赤線については、七、八年も前から今日を警告してきたんだ。

　売春防止法の成立が1956年、その施行が1958年４月。廃業からわずか１ヵ月のこの時期に、赤線業者に対する警戒心はまだ解かれていない。神崎氏も座談会のなかで、旅館に転業した吉原の赤線業者についての疑念を市川・前川両氏を前に語っている。「旅館っていうが、二色あるんじゃないか。本当にやろうというのと、許可だけとって、しばらく様子をみる(だけのものと)」、といった具合である。そんな時期に、これほど率直に赤線業者の言葉が語られているのは興味深い。

　さらにこの座談会では、さきにみたような、政治や憲法、婦女子の人権、日本国家の将来といった視線で赤線は語られていない。彼らのごく日常的な感覚、体験に基づいて赤線が語られている[16]。だからこそ、この記事の最後はつぎのような形でしめくくられる。

前川：でもね、こんどは男の人が素人の娘さんを誘惑するでしょうから、娘さんが早熟してこまりますよ(笑)

　売春禁止の法制化に反対する意見として、しばしば国会でもちだされていたのは、「公娼制度を廃止すると良家の子女が犯される」といったものだった。それが『アサヒ芸能』では、「娘さんが早熟して

こまりますよ(笑)」である。赤線がなくなったことで、男性が赤線従業婦ではない女性をセックスの相手にするようになることを懸念しているのは同じだが、視線は大きく異なっている。

「良家の子女」という、どこにいるのか分からない善良無垢なる女性が、性欲という衝動を抑えることのできない獰猛なる男によって「犯される」というとき、案じている自分たちは、「獰猛なる男」という部類に入らない。そのような「他者」が犯すであろう危険を心配するのである。一方、「娘さん」の早熟は、お宅の娘さんかもしれないし、場合によってはうちの娘かもしれない。誘惑するのはうちの息子かもしれないし、あるいはうちの旦那かもしれない。そのとき誘惑する「男の人」は決して「他者」ではない。前者の論じ方が、犯罪抑止や公序良俗といった社会正義の天秤でもってはかられるとするならば、後者の語りはそのような秤にはのらない。もしかしたら「わたし」の世界にも起きそうな、ちょっと好奇心を誘う男と女の話。赤線の核心にあって、なおかつ国会やマスコミで語られなかったのも、こうした男と女の世界ではなかっただろうか。

当時のマスメディアが社会の木鐸たらんと、赤線および赤線業者の問題を声高に叫ぶとき、メディアが描く赤線世界は、私たちの日常とは異なる特殊(に悪辣)な人間たちが蠢く世界という「図」を結ぶ。ところが「風俗として赤線」を取り上げようとする『アサヒ芸能』では、糾弾すべき「悪」として赤線世界は浮かび上がっては来ない。あくまでも私たちの日常との地続きのなかに赤線という「図」が描かれる。この視点に立つとき、赤線を廃止する売春防止法は、赤線業者やその従業婦たちの問題として閉じられることなく、「私たち」の世界へと接続されていくことになる。徳間氏はいう。

第 2 章 「二流」のスタンスの確立と赤線

　高尚な政治や経済や文化ももちろんよい。しかし、背伸びして、格好をつけて、今風にいえばブリッ子になることもないではないか。セックスそのものは悪ではないのである。売防法の実施で性の'売買'は潜行するだろう。そこに、もろもろのドキュメントがある。それを掘り返して広く大衆に訴えることは、これは立派な問題提起ではないか。それを〈二流〉というなら〈二流〉でいいではないか。〈二流〉に徹して耐えようではないか[17]。

　売春防止法をめぐる問題に目を向けることは、男と女の性について語ることであり、そのような性を生きる自分自身を語ることでもある。だが、それを語ることには抵抗がある。赤線業者という「社会悪」の糾弾の形を取れば、生々しさを排除した男女の性に限ってなら語ることができる。このときセックスへの尽きない興味や好奇心を抱く「わたし」の存在は安全な場所に保留されたままとなる。それが「一流」のやり方かもしれない。だが徳間氏はそれを良しとはしなかった。

　どんなに一流の言葉でつくろっても、私たちが生きるのは、そのような一流の言葉で汲みつくされることのない「性＝生」である。売春防止法の施行は「私たち」のセックスを変える。ではどう変わる。「私たち」はどう生きる。売春防止法施行当時の人々の率直な問いや不安に『アサヒ芸能』が答えた方法。それが「二流」というスタンスだったのである。

注

1　1999年10月30日インタビュー。以下、本章で取り扱う布留川氏とのインタビューはとくに断りのない場合、同日のものである。

2　1946年1月に公娼制度が廃止されたのち、同年11月に、「特殊飲食店街」と呼ばれる集娼地区が指定される。たとえば東京では、吉原(台東区)や洲崎(江東区)といった旧遊郭と、亀戸(江東区)や玉の井(墨田区)のような私娼街が含まれる。当局が地図上のこれら地域を赤線で囲んだことから「赤線」と呼ばれる。ちなみに、当局の指定のない私娼地域は「青線」と呼ばれた。

3　「(1959年の)6月初め、東京周辺の駅売店の総括本部から、〔略〕3週間にわたる販売取扱い停止の通告」があった。その理由は「表紙やグラビアの女性のヌードがいけない」というもので、大きな販売網である駅売りが中止されたことで、売上げは大きく落ち込んだ。取扱い停止は、当初は3号だけという話だったが、5号まで延期され、駅売店へ復帰したのは8月2日号からである(徳間書店　1989: 52-56)。

4　売春防止法は、制定の直前までは「売春禁止法」として議論されていた。

5　この節で用いるデータは1999年7月24日、同月29日のインタビューおよび、後日、福井氏から書き送られた「昭和22年〜32年12月　一業者としての感想」という文書を参考にしている。

6　中国大陸の中部地方、華中。上海・蘇州付近のこと。

7　「特殊飲食店」の略称。

8　福井氏はインタビューのなかで元号をつかっていた。以下、元号と西暦を併記する。

9　福井氏のここでの話は、決して赤線廃止から数十年経っての元業者の言い分などではない。藤目(1998)は、この時期の業者と従業婦のあいだの関係について論じているが、それは福井氏の話とも一致する。

10　小林・村瀬(1971: 239-250)、千田(1994)に詳細。

11　藤目(1998)には次のような引用がある。「視察や見学団の方々の私たちに対する質問は何れも、貴女方の行いは良いと思うか、恥しくないか、正業につく意思があるか、永くやってゆく考えかなどと問われ続けました。私のひがみかは知りませんが、私たちを恥知らずであり、なまけも

第2章 「二流」のスタンスの確立と赤線

のであり、馬鹿であるかの様な心持ちで質問されている感じがしてならないのであります。同情よりはむしろ敵意の心が強く響いてきてなりません。おろかなものは、救済するより処罰するにしかず、とさげすんでいるかに見えもするのです。私達は、私たちの叫びを素直に聞いて欲しいのです」(藤目 1998: 396-397)。

12 警視庁の風紀係長だった吉田正司のつぎの記述からは、なぜ売春防止法施行前に廃業が進められたのかについての経緯がうかがえる。

「都内22か所の業者数1,411名、従業婦5,039名は、昭和33年4月1日からの売春防止法の全面施行を機にすべて、転、廃業しなければならないのに…業者の未練執着は…強く、いきおいやれる時期まで営業を続けるというのが、支配的な風潮であった。

かくしてこのまま推移すれば、法の全面実施は相当の混乱に陥ることが明らかになったため、警視庁においては、昭和32年中ごろから業者の自主的な転廃業と従業婦の更正について、数回にわたって業者幹部を本部に招致して行政指導を行うとともに、赤、青線を管内に持つ警察署長も、業者と従業婦の全員を署に招致して、きめこまかい行政指導を本部と一体になって展開し、……取締りが強力に推進されたため、……法の全面施行を待つことなく、昭和33年2月末日をもって、300年の伝統を誇る吉原をはじめ、都内22か所の赤、青線の灯を消し、セックス企業の解消という歴史的な偉業をなしとげた」。(東京都民生局婦人部福祉課編 1973: 242-255)

13 記事中の社会党員とは岩内善作と高原浅市のことである。赤線の問題がヒステリックに論じられていた時代、彼らは赤線業者とつるんで売春禁止法に反対する裏切り者のように扱われていた。藤目は当時の資料に基づき、彼らに対する歴史的評価の再検討を行っている (藤目 1998)。また赤線従業婦による『赤線従業婦の手記・復刻版』には、組合結成について次のような記述がある。「私達はいまある環境におかれてはおりますが、日本婦人としてのすべての権利は身につけているのであります。〔略〕将来、自分自身の幸不幸は組合の力の強いか弱いかに結びついて

いるということを反省するとともに進んで正しい判断力と誘惑をしりぞける心の力を身につけなければならないものと考えます」。(新吉原女子保健組合　1990: 107-108)

14　市川忠吉氏は元全国性病予防自治会副会長で、この自治会は全国の赤線業者が運動資金を持ち寄って結成されたものであり、理事長の鈴木明氏は売春防止法の法案つぶしのための議員への献金疑獄で逮捕されていた。

15　このような語り方は福井氏にもみられたものだったが、記事をみてもらったのは２度目のインタビューを切り上げる直前であったので、記事をみたあとに同じ言い回しをしていたわけではない。むしろこのような認識が、いかに当時の業者にとって一般的だったかということであろう。

16　たとえば「どんな気持で商売していたか聞いてみたい」という神崎氏からの質問に答え、市川・前川両氏は「女を仕入れて」いた当時のことを次のように振り返る。「親は金をほしがりましたね。金を欲しがって泣きます。娘のためじゃないです。もう五〇円、もう一〇〇円……と親が手をついて泣くんです。安い方が早く年季もすむし、娘のためだっていっても、わからない」(前川)、「わたしがいったときもそうだ。案内してくれた巡査も仕方がないので"まあ、親孝行するんだな"となぐさめてるしまつ。ついでに小さな男の子もつれてってくれとせがまれて、これもつれてきましたよ」(市川)。市川氏や前川氏が行っていたのは山形県や秋田県といった東北地方で、そこでの生活は売春禁止を訴える東京のマスコミや議員たちとはまったく異なるものであった。

17　徳間書店社史編纂委員会(1984: 103)。

第3章
週刊誌『アサヒ芸能』と性風俗の構成

＊通巻650号　昭和33年12月14日号　©徳間書店
カメラ／稲村隆正　モデル／八島恵子

　風俗としての赤線という視点から、売春防止法以後の世界へと迫っていく『アサヒ芸能』の「二流」のスタイルを考えるときに、そのベクトルを決める要素として忘れてはならないものがある。読者層である。(F：布留川氏、Q：筆者)[1]

　Q：当時、想定していた読者層っていうのは。
　F：若かった。結局ね、赤線でしょ、それこそあなたのテーマが。赤線に通うような人だった。ま、年を取ったって赤線行くけども。〔略〕
　Q：(B5判切り替えの)当時は、まだ(雑誌が)女性用とか男性用とかっていうのは、あまり思っていなかったんですか。
　F：ううん、もう大体、男性目当て。

『アサヒ芸能』は、売春防止法の実施による性風俗の変化を捉えようとしていた、というだけではない。「赤線に通うような」男性たちの興味をそそる形で、この問題を掘り下げようとしていたのである。

　売春防止法以前なら赤線に通っていたはずの男たちは、赤線の廃止によって、欲求のもって行き場を失った。二流に徹して描き出そうとする売春防止法以後の世界とは、この「男たち」にとっての世界であり、『アサヒ芸能』は彼らの需要にこたえる記事をつくろうとしていたのである。

　「社会・風俗を中心に突っ込んでいく」という編集方針を固めたのが1957年2月17日号「特集アパートのセックス」であったことはすでにみたとおりだが、これより少し遅れて赤線や売春をテーマとした特集が組まれるようになる。その最初が1957年3月24日号「男3000人との記憶〜ある赤線女性別離の手記」で、以降の主な記事タイトルは次のようなものだ[2]。

　　ハダカ商売を食う商売（1957年3月31日号）
　　接待用セックスガール（同年4月7日号）
　　御同伴様は泊めません〜ドヤ街の'売春婦一掃運動'（同年11月14日号）
　　欲望町の0番地〜赤線はつぶれても（同年11月24日号）
　　都会のスリル地帯〜男を狙う女の秘術（同年12月29日号）
　　ペッティングサービス〜デフレ時代・行き過ぎの魅力（1958年1月26日号）
　　セックス裏街道を行く〜横行する'白線族'と'街娼'（同年2月2

日号)

性の密売ルートをあばく〜消えた赤線をシリ目に(同年3月16日号)

　赤線後を見すえ、『アサヒ芸能』は赤線に代わるセックスを求めて街へ出る。「欲望町」「スリル地帯」「セックス裏街道」という具合に、盛り場が『アサヒ芸能』にとって重要な舞台になっていく。盛り場を舞台に繰り広げられる性風俗は、『アサヒ芸能』という雑誌の方向性を定めるものとなった。よって草創期『アサヒ芸能』が取り上げる盛り場、なかでも赤線廃止というテーマを最も体現した吉原とその周辺盛り場の記事に焦点をあて、二流に徹する『アサヒ芸能』の性風俗の原型を析出してみよう[3]。

——— 1. 盛り場と性風俗——赤線吉原の衰退と復活の「兆し」

　1958年6月8日号に一つの特集が組まれる。目次には「性をもてあます夜——出張サラリーマンの冒険新地図——」という見出しが大きく打たれ、その次に「吉原はまだ生きている」という小見出しが躍る。赤線が廃止されてわずか2ヵ月。長い歴史を生き延びてきた吉原のしぶとさを思わせるタイトルのこの記事で、吉原は次のように紹介される。

　東京最大の赤線地帯だった吉原の純粋転業旅館は閑古鳥がないている。〔略〕たまにガラリっと玄関がなると、酔っぱらった数人づれの男が'女のサービスをたのむぜ'と入ってくる。断ると'な

にいってるんだ。吉原に女なしじゃ意味ねえぞ'と捨てぜりふを吐いてゆく。これが毎夜のことで「一旦決心したものの、お客がないと女をつかいなれないわけじゃなしつい……ってこともあるわね」と女将は眉をひそめている。

　しかし、そういう客がある限り女はいつかむらがってくる。

　南に浅草歓楽街、北には山谷ドヤ街が控える吉原は、都内16ヵ所の赤線ばかりでなく全国赤線のリーダー格であり、象徴的存在だったとされる。ところが売春防止法の影響は大きく、吉原でさえ閑古鳥が鳴き、人足は途絶えてしまった。それでもたまに旅館に転業した赤線業者のところには、「女のサービス」を求める客がやってくる。いくら売春を取り締まる法が施行されようとも、吉原には相変わらず男がやってきて女を求める。「女をつかいなれないわけじゃなしつい……」という業者側の心の揺れが語られることで、吉原での赤線復活への期待は俄然高まる。そこで、次のような見出しが続く。「もてあます警察」

　さいきんでは街娼とそのヒモでポン引きをかねる男たちが、浅草千束町から、吉原の京町、江戸町あたりに、毎夜一〇〇名以上うろつき、〔略〕浅草警察署も、いささか、もてあますものすごさである。「五月は二十日までに一六〇人ほどあげた。四月は、売春防止法施行直後で、十日間ほど静まっていたが、あとはふえる一方です」。(浅草署岩井保安係長)

　売春防止法の施行によって消滅したはずの赤線吉原だが、客は相変わらず集まってくる。あぶれた男をつかまえようと、街娼たち

第3章　週刊誌『アサヒ芸能』と性風俗の構成

が毎夜この一帯をうろつくようになる。「吉原は相変わらずの"不夜城"だ」と伝えられる様子は、吉原という名前が喚起するイメージとそれほど隔たったものではない。

　だが、売春防止法施行以前の赤線吉原を知るある従業婦は次のように語っている。「吉原は意外なほどさびしいところで、遊びにくる客も少なく、まごまごしていたら食い込んで借金になる心配さえありました」[4]。1950年当時、吉原を訪れるのは重役クラスの金持ちか、出張や観光で東京に訪れた人間がほとんどだった。当時の男たちが遊ぶ所としては新宿二丁目が抜群の人気で、「吉原などと比べるとはるかに洒落ていた」[5]ともいわれる。すでに吉原は「不夜城」と呼ぶには少々寂しすぎる場所に変わっていたのである。

　しかし『アサヒ芸能』が伝えるのは、あくまでも吉原という名前が喚起するイメージに相応しい吉原の姿である。吉原はあくまでも売春防止法によって激烈な衰退を経験している。にもかかわらず、吉原に吸い寄せられて客はやってくるし、そのために警察も手を焼くほどに女が集まってくる。吉原という磁場の強さが語られれば語られるほどに、売春防止法がもたらした吉原の衰退は衝撃的な話題として人々の関心を惹く。さらには隣接する浅草にまで打撃を与えるものとして語られる。1958年11月30日号「吉原と心中する？　浅草」をみてみよう。

　　かつて百万の人出を呼んだ酉の市がこうした予想外の結果〔筆者注：この年は三十万人程度の参詣者しかいなかった〕を生んだのは、けっきょく吉原という一大不夜城が消えてしまったからだ——と地元の人たちは口をそろえていっている。

　　〔略〕

すでにここ二、三年、浅草は"斜陽盛り場"として往年の活気がみられなくなっていたのは事実だが、さらにこの傾向に拍車をかけたのが"吉原の死"であった。吉原は浅草繁栄の一つの支えであったし、それは浅草に客を吸い込む強力な磁石の役割を果たして来たともいえる。

　浅草は、江戸時代よりの歴史と、日本でも有数の盛り場としての知名度とを誇ってきた。その浅草が「吉原の死」によって大きな打撃を受けているという。浅草六区の興行街も、キャバレー・バーも軒並み客の入りは悪く、「浅草らしいカラーを出し、入りも悪くないのはストリップ劇場と二、三の実演場だけ」だと伝えられる。
　だが記事にもあるとおり、浅草は「吉原の死」を待つまでもなく、すでに斜陽の盛り場となりつつあった。吉原衰退の原因が売春防止法の施行にのみあるのではないのと同様に、浅草の衰退もまた吉原の消滅によってのみ引き起こされたのではない[6]。それでも地元の人々は「吉原という一大不夜城が消えてしまったからだ」と口にする。売春防止法による吉原の消滅、それに伴う浅草の衰退という説明は、吉原や浅草を身近に知らない人々にとっては説得力あるものになる。このような語りによって、吉原という磁力の大きさ、売春防止法の効力はリアルなものになっていく。
　また『アサヒ芸能』では、売春防止法への抵抗と復活の兆しも語られる。1958年8月24日号の「赤線再軍備〜各地のゲリラ作戦地図〜」という特集記事には、「再転業への秘かな動き」という見出しで、「総本山の東京、吉原」が取り上げられる。

　午後十時、旅館の前には縁台をもちだした客引き(やりて婆さ

第3章　週刊誌『アサヒ芸能』と性風俗の構成

ん?)の声がかしましい。「ちょっと、そこの兄さん、いらっしゃい。いいことがあるのよ。」慌て者には'赤線が公然と復活'と思われるような風景だ。その声につられて中へ入ると、彼女たちは思わせぶりに声を落してまくしたてる。「大きな声じゃいえないけど、熱海式アンマはどう、部屋代三百円でアンマ代が三百円。あとはおニイさんのもってゆきようでどうにもなるわ。一風呂あびて、やわらかいマットレスのフトンで、わずか六百円で若い女とスリルとセンスにとんだ遊びができるのよ」

　こうもちかけられては"何かいいことないかな"とぶらついている男はついふらふらになる。だがこの女アンマさんたち、なかなか客の意のままにならないのも確かだ。

　記事は、まず赤線廃業後の吉原に「浅草観光温泉旅館組合」が設立されたことを伝える[7]。組合のメンバーはすべて赤線から旅館に転業した元業者たち。組合設立の目的については、「私たちが真面目に転業しても、とかく世間は疑義の目でみたがる。そういう傾向を一掃するのと、街を浄化する」ためだという組合長の言葉が紹介される。これだけなら、吉原の消滅はいよいよ揺るがしがたい事実であり、復活などもはやありえないと読者は思う。ところが記事はその後に「やり手婆さん」のエピソードを添えることで、組合の本当の目的を「赤線再軍備」という文脈にすり替えていく。さらに「旅館組合の内幕」という見出しをつけて、「ある業者」の語りが紹介される。「心の底では皆が昔の吉原の復活を期待しているんですよ。今度、組合ができたことだって、そういう期待を実現させるためだといえます」と。真意のほどは怪しいが、いかにも「吉原らしい」人間や出来事をちりばめることで、吉原復活が「本当らしさ」を増し

ていく。この話題は、『アサヒ芸能』が想定する「赤線に通うような」男性読者にとって、大いに興味をそそるものだった。

　だが『アサヒ芸能』はこのあと、吉原からは撤退していく。今回調べた限りでは、「吉原」という名前が次に登場するのは1968年である[8]。この撤退はどのように説明できるだろうか。ここでは山谷ドヤ街を取り上げた1957年11月17日号「御同伴様は泊めません――ドヤ街の売春婦一掃運動」という記事を例に、その理由について考察してみよう。

　山谷ドヤ街は吉原の北に位置する「暗黒の街」、周囲から隔離された「真空地帯」としてイメージされる場所である。そこを『アサヒ芸能』は次のような記事で取り上げた。

　　来年四月一日から、売春防止法の刑罰規定が実施されるのを前にして、現在売春婦の巣窟になっている東京都浅草山谷町の旅館街、通称"山谷ドヤ街"の旅館組合（組合長帰山仁之助氏）では、このほど結束して売春一掃運動をはじめた。

　暗黒の街であるはずの山谷における「売春一掃運動」のきっかけは、1958年4月から施行されることになった売春防止法にあった。その効果を狙っての一掃運動は、PTAや婦人会の強力な後押しもあって推進されていく。「小学校へまだ行かない子どもたちが壁にもたれてそばを通る大人に"兄さん遊ばない？"と売春ごっこが流行っている」「学校近辺の公園で昼間から売春婦が下着一枚で遊んでいた」といった例が報告され、「売春婦よりも真面目な自分たちの方がビクビクして暮らさなければならない」という現状が切々と訴えられる。と同時に記事は、ここで売春をして生きていかざるを得な

第3章　週刊誌『アサヒ芸能』と性風俗の構成

い売春婦の姿も描きだす。

　山崎達子(三四)仮名＝の場合は夫がニコヨン[9]で一日四百円のかせぎがあるが、子供三人の五人家族で宿泊料に一日二百五十円取られ、残りの百五十円では食べることだけがやっと。そこで足りない時に応じて売春を働いているわけだが、山谷を追われて親子五人どうして生きてゆけるんだい！　と切実だ。

「公園で昼間から下着一枚で遊ぶ」という異質な他者としての売春婦と、一家五人の生活を支えるためには売春をするほかに生きる道はないという売春婦。『アサヒ芸能』は、二人の売春婦の姿を交互に描き出すことで、山谷の「ドヤ街」らしさを強調していく。彼女たち売春婦はドヤのイメージをリアルに喚起させる存在であり、同時に読者の驚きと好奇心とを誘うものでもあった。
　だが、そんな彼女たちの姿だけでは、山谷は記事にはならなかっただろう。『アサヒ芸能』が「売春婦一掃運動」を取り上げたのは、そのきっかけや展開よりも、あの山谷で売春婦一掃運動が起こったという意外性に、ニュースとしての価値があったからである[10]。
　『アサヒ芸能』は山谷というドヤ街が放つ強烈なイメージに依拠して、読者を惹きつける「ドヤ街」の姿を描き出している。しかしイメージとの微妙なズレがあってはじめて記事になる。そのズレとは「売春婦一掃運動」に象徴されるような出来事、偶然性によって生じるものである。山谷がドヤ街というイメージ一色で、強烈に塗りつぶされた街であるために、『アサヒ芸能』は容易に新たな彩りを加えていくことができない。どのような彩りをほどこすかは「山谷」という街、そこでの出来事に大きく規定されている。

ここでもう一度、「吉原」の話題に戻ってみよう。山谷がドヤ一色で塗りつぶされた街なら、吉原は「色」で塗りつぶされた街だといえる。『アサヒ芸能』はその「吉原らしさ」に依拠して記事を書いていた。だが「吉原らしさ」を強調すればするほど、「なにかいいことないかなとぶらついている男」を『アサヒ芸能』に引き留めることは難しくなる。どんなに「色」の街吉原を伝えても、結局読者がそこに見いだせるのは、吉原復活の兆しでしかない。

　読者が吉原に期待しているのは赤線に代わるセックスであり、売春防止法をくぐり抜けるセックスである。売春防止法が禁じたセックスをウリにしていた吉原を刺激的に伝えるには、そのイメージを越えるセックスを提示しなければならない。だが、少なくとも売春防止法施行直後の吉原にそれを期待することはできなかった。読者に訴えかける「吉原」のイメージと、現実の吉原とのギャップは埋めがたいものとなっていた。『アサヒ芸能』に可能であったのは、「あの吉原」が消滅するという衝撃の提示であり、イメージのなかの吉原の再現でしかなかった。

　赤線が消滅したあと、どこに行けば、どんなセックスが用意されているのか。それが、読者が『アサヒ芸能』に求めるものであり、『アサヒ芸能』が読者に提示するものとして重要になってくるのである。

2. メディアのなかの街・千束

　吉原周辺の盛り場で、もう一つ、『アサヒ芸能』に取り上げられた場所がある。千束町である。

第3章　週刊誌『アサヒ芸能』と性風俗の構成

　浅草六区から吉原方面へぬけるひさご通りに面して一丁目から三丁目まで二八八三世帯、一二二九六名（台東区役所しらべ）で構成されているこの一帯は、一見、なんの変哲もない下町の盛り場だ。しかし約二九〇〇の家数のうち、盛り場らしさを示す商店の数は二六〇件で一割に満たない（浅草商連しらべ）。ひさご通りのほんの上っ面だけが盛り場で大部分がしもたや、旅館、アパートなどの灰色の街だ。浅草と吉原をつなぐヒモのような盛り場である。
（1958年2月2日号「セックス裏街道を行く」）

　浅草、吉原、山谷に比べ、名の知られていない「ヒモのような盛り場」千束町。そこに、赤線にかわり人々を刺激し、なおかつ売春防止法にひっかからないセックスを探し求める『アサヒ芸能』が目をつけた。とりたてて特徴のなかった千束は、「日本有数のワイセツ地帯」として、その様相を一変させる。

　　エロ映画、性技実演、全裸ショーなどのどす黒い狂宴が夜ごと秘かに、かなり激しい頻度でくりひろげられている。崩壊寸前とはいえ赤線の総本山ヨシワラ、それをとりまく青線白線と三つ巴の布陣だけに、その放射する異様な魅力は、立派に企業として成立するらしい。

　盛り場らしい店などほとんどないはずの千束が、『アサヒ芸能』の記事では、突然「異様な魅力」を放射する盛り場に変わっていく。「ドス黒い性の狂宴」が夜ごと繰り広げられる「灰色のＹ地帯」といった具合に、仰々しい言葉が多用される。「一見、なんの変哲もない下町の盛り場」がこうした色で塗り込められていくことで、千束は私

たちの住む場所と見た目は何も変わりはしないのに、突然ぽっかりと異空間への口を開く怪しげな「異界」へと変質する。山谷ドヤ街が「暗黒街」として、はっきりと他の生活空間から境界を引かれて存在しているのに比べ、千束の「灰色」はいつ迷い込んだかもわからない境界の不明確さを象徴する。そして読者はその妖しげな魅力にフラフラと誘い込まれていく。

　とあるしもたや、どこといって変りはないがカギが二カ所についている。『サツヨケのマジナイさ』という。現場へふみこまれる時間をながびかせる苦肉の策。玄関わきで年増の女が料金をとる。せまい階段を上がった四畳半が映画館だ。押入れのフスマをはずすと裏にスクリーンがはってある。映写機はフトンのあるべきところに安置されている。手慣れた設営だが、不安げにそわそわしている。
　カラーと白黒二本で上映時間は約二十分。ヒザもすれ合わんばかりにつまった八人の客は静まりかえっている。
　一組のアベックは、スクリーンの痴態にあわせてお互の肉体をまさぐっていた。羞恥心の寸断された二十分。
　『こんどは実演です』と映写技師が声をかける。映画とショーの二本立てとおいでなすったわけ。この拝見料二千円。
　隣りの六畳に煎餅ブトンが一枚、役者（エロ実演者）をまっていた。
　二十代の女が二人入ってくると、さっさと全裸になる。
　映画であふられたひとりが『すげえな』と女の太モモにふれる。また一人が乳房に手を出す。女は『フフン』と鼻でわらう。客は酔余のいきおいとエロ・フィルムの魔力で、女は商売で羞恥心をわすれる。その時間が十五分あまり。

第 3 章　週刊誌『アサヒ芸能』と性風俗の構成

しめて四十分ほど、一人当たり六百円のコーフン劇だった。

ワイセツ地帯・千束の「コーフン劇」が展開される舞台に用意された小道具は、どれもこれも私たちの生活に馴染み深い、ごくありふれたものばかりである。「せまい階段」「四畳半」「押入れのフスマ」「隣りの六畳」にひかれた「煎餅ブトン」。ところが、記事の中では、まるで見慣れぬモノであるかのように存在している。さらにサツヨケのマジナイのためにつけられた二つのカギ、何に怯えているのか「不安げにそわそわ」とした手つきから、読者はある種の後ろ暗さを感知し、ごくありふれた光景は危険な香りのする場所へと変貌していく。

なによりこのワイセツ興行を支える魅力は「羞恥心」にある。見ず知らずの人間が四畳半という狭い部屋でエロ映画をみる。客は互いに、奇妙な行きずりの共犯者に気まずさ、気恥ずかしさを覚える。だがそうした日常の感覚は酒の力と「エロ・フィルムの魔力」によって忘れ去られていく。女の太股や乳房に手を出す客たちは、羞恥心が寸断された時を過ごす。羞恥心という日常に根ざした感覚へ訴えかける千束のワイセツ興行は、吉原の赤線とは異なった刺激を用意するかのように見えてくる。

赤線に典型的にみられるのは、郭と呼ばれるような境界の存在である。郭の中には非日常とされる世界がつくりだされ、訪れる者を日常の世界から引き離す。二つの世界は違う秩序で統制され、客は二つの秩序を使い分ける。ところが千束にはそうした境界が存在しない。羞恥心を一つの指標として、客は「私たちの世界」にいながらにして、普段とは、異なる秩序の世界を経験する。こうした世界の移動は、ワイセツ興行の営業場所である「シキ」を訪れる客のも

のだけではなくなっていく。

　さいきんでは、…"敷<ruby>さがし<rt>しき</rt></ruby>"というメンバーが一つふえた。取締がきびしくなったので、今までのように定着したシキでは、安心して興行できない。荒稼ぎするワイセツ企業ほど、頻ぱんにシキを移転する。この敷営業が頭痛のタネ。千束町一帯の地理、人間関係に通じた土地っ子が、この大役をひきうけているらしい。

　売春防止法の施行を受けて、ワイセツ興行は「定着した」シキから「移動する」シキへと営業形態を変貌させた。もともと赤線の時代から、「秘密興行」によって、ポン引きの誘導なしにはそれがどこにあるのかわからないつくりになっていたシキは、取り締まりの目から逃れるべくさらにその匿名性を高めようとした。シキは「千束一帯の地理、人間関係に通じた土地っ子」の助けを借りて、新たなシキへと移転する。千束のどの場所でも、いつでもシキになる。昨日までなんの変哲もなかった町が、シキの移転によって突然「ワイセツ地帯」として蠢動する。昨日と今日とを同じ世界として生きている町の住人は、知らぬ間に「ワイセツ地帯」の住人へと変貌し、「シキ」が移転したとき、また「ふつうの」世界の住人に戻るのである。場所の不特定性。これが吉原とは大きく異なる点であり、千束のワイセツを特徴づけるものである。

　では、この匿名性と場所の不特定性とを特徴とする千束の魅力にひかれて訪れる客とは、一体どのような人々なのだろうか。

　占領がおわって駐留軍がへったあとは、会社、商店関係の流れがグッとふえ、ついで、ほろ酔いサラリーマン、商店員、東

第 3 章　週刊誌『アサヒ芸能』と性風俗の構成

京見物のお上りさんという順位に変わり、現在では『三十歳前後、二万円くらいの月給をとるサラリーマン風が多いです』(リンタク屋K氏)というところらしい。

　さんざん妖しげなイメージで粉飾された千束だが、そこに訪れる人々はある意味でまったく「ふつうのひと」だといえる。おそらくこれらの客層は『アサヒ芸能』が読者層とする人たちとも重なる。また、千束のワイセツ映画を訪れる者には「ほろ酔いサラリーマン」以外に、キャバレーの女給や芸者、バーのマダムといった女性を伴ったアベックなども登場する。こうしたアベックはワイセツ映画を「興奮剤に利用」したり、「ロマグレ紳士が若い娘を伴って口説の効果」をあげるために使っていたりするという。ここでは千束の利用方法が紹介されている。いずれにせよ、『アサヒ芸能』の読者層が一度は行ってみようかと思えるくらいの身近さと魅力が千束には付与されている。

　すでに取り上げた三つの盛り場と比較したとき、千束という盛り場がある独特のポジションにあることがわかる。吉原・浅草・山谷が広く名を知られた場所であるのに対し、千束は圧倒的に知名度が低い。だからこそ『アサヒ芸能』は千束をセンセーショナルに記事にすることができた。吉原や山谷のような固定化されたイメージをもった街を取り上げるとき、あくまでその個性に依拠し、それらを変形させることでしか記事をつくれない。吉原や山谷で起こった何か、その出来事とこれら盛り場のイメージとのギャップによって記事が書かれていく。

　だが、千束はむしろその新奇さ(知られていないこと)が、読者を惹きつける魅力となる。『アサヒ芸能』は独特のうがったスタイルを発

揮するなかで、「千束」を発見してくる。また、ニュースになるのは、どんなセックスが得られるのかであって、千束はその舞台の一つにすぎない。これは吉原のセックスがどのようなものであったのかが問題にならないのとは対照的であり、これ以後期待される情報とは、千束のように「どんな興奮、どんな刺激が得られるか」になる。

　吉原や山谷が『アサヒ芸能』に取り上げられなくても存在のリアリティーを持ち続けるのに対し、「千束」は『アサヒ芸能』の中だけで「異様な魅力」を放射し、『アサヒ芸能』が取り上げなければ存在のリアルさは失われてしまう。地図には存在しない、『アサヒ芸能』によってつくられた街。場所でない「場所」。それが「千束」である。

3. 性風俗とメディア

　以上のような変化は、1958年に全面施行された売春防止法との関連で捉えるとき、明瞭となる。売春防止法が意図していたのは、国家が売春を保護・管理しているという事実の消滅である。ある特定地域で売春や売春に準ずるような行為が公然と行われていることは、国家が容認していることになるため、摘発の対象となる。特に売春防止法施行直後はそうした傾向が顕著であった。セックスを売る側は特定の場所を定めなくなる。売春防止法は金銭を介して性交することを禁じたわけだが、逆に言えばそれ以外のセックスを許可したことを意味する。業者は売春防止法に引っかからない形の商品を生み出すことに躍起になる。サービスは多様化し、客をうまく刺激し、その好みを的確に掴んだものだけが生き残ることができる。『アサヒ芸能』が提示する「性風俗」もまた、これと同様であった。

第3章　週刊誌『アサヒ芸能』と性風俗の構成

　『アサヒ芸能』はその時代、社会に共有されているある種の感覚に依拠しつつ、それを揺さぶる可能性のある領域を見つけだしてピックアップし、センセーショナルに読者に訴えていった。そうして取り上げられ、認識された性のあり方が性風俗というかたちをとっていく。『アサヒ芸能』は、生活の中のある諸相を、性的に焦点化することで性風俗へと変質させ、性風俗というリアリティーを生み出していく媒体なのである。さらに、読者の興味や関心に訴え続けるために、常に立ち止まることなく、新しく見えるセックスを探し続ける。そこに第二、第三の「千束」が登場する。その意味において千束は、これ以後の性風俗の出発点であったと位置づけられる[11]。

　では、「千束」を『アサヒ芸能』の性風俗の一つの原型として仮設したとき、そこにみえてくる『アサヒ芸能』と性風俗との関係をいかなるものとして捉えることができるか。エドガール・モラン(1970=1980)の、「ある種の雑誌」についての指摘は示唆に富む。

　　いまではそれが特徴とまでなっているある種の雑誌のなかで、ニュース記事ともフィクションともつかぬ分類のやっかいな領域が形づくられてきているが、この領域では現実のものと想像上のものとの間ではっきりした境界をひかれることはなく、相互に境界の侵犯が行われている。そして、マス・カルチュアが想像上のもの(フィクション)をあたかも現実的なものであるかのようにうまく感じさせ、また現実を想像的なもの(三面にのるようなニュース記事)であるかのように経験させるものとなったあとでは、それがマス・カルチュアの主要な機能のひとつとなったのである[12]。

　想像上のものを現実的なものであるかのように感じさせ、現実を

想像的なものであるかのように経験させる。『アサヒ芸能』が性風俗として描いた「千束」という場所、そこで繰り広げられるセックスとは、まさにこのようなものではなかったか。

　売春防止法によって、確かな性の境界線が失われ、どこに・どんなセックスがあるかを伝えるメディアの役割は決定的なものとなっていく。さらに赤線廃止によって失われたのは、単にセックスを取引するための地理的空間だけではなかった。赤線世界に囲い込まれていた誘惑や快楽、欲情といった、男と女の性的な「物語」もまた刷新される必要があった。そしてその役を担っていったのもメディアである。と同時にもう一つ重要なファクターが存在する。すなわちメディアの制作する物語の受け手、「読者」の存在である。

　なにを現実のものとし、なにを想像上のものとするのか、そしてそれらの境界線がどこに設定されているのかは、じつは読者の存在なくしては語れない。彼らの現実(感)や想像力が、ある物語を「現実」のものとし、あるいは荒唐無稽な戯言に留め置きもする。性的な物語の制作は、彼らの「現実」に近すぎても、逆に遠すぎても失敗する。そんな人々の感性を探り、捉えることで、性的な物語はメディアの手を離れ、性風俗という「現実」としての生命(いのち)を刻みはじめる[13]。メディアが運ぶ「事実」が、ただちに性風俗となるのではない。メディアが、魅惑的なイメージを読者に喚起させえて初めて、ある「事実」が性風俗へと位置付けられる。

　ここにメディアを不可欠な構成要件とする性風俗の姿が析出される。

第3章　週刊誌『アサヒ芸能』と性風俗の構成

注
1　1999年10月30日インタビューより。
2　1957年4月21日号から9月15日号までは資料の入手ができなかったため、この期間の目次は不明である。
3　分析にあたってはまず1956年から1995年までの記事を概観し、歴代編集長、記事レイアウトや記事見出しなどから『アサヒ芸能』の歴史を大きく三つの時期に区分する方法をとった。第一期が草創期にあたる1956年から1959年で、この時期は『アサヒ芸能』という雑誌の性格だけではなく、弱小出版社であった東西芸能出版社の経営体制が確立される時期でもある。第二期としたのが1959年から70年代前半に至るまでの時期であり、その開始は、週刊誌ブームと生き残りをかけた競争の始まり、徳間氏を編集長としていた『アサヒ芸能』の編集体制が変更されてからの時期にあたる。誌面をみると特集・連載の本数が増加し、目次のレイアウトも現在のそれに近いものになってくる。『アサヒ芸能』の伝統芸ともなる地方探訪記事が連載されるようになるのもこの時期である。第三期は1970年代前半からはじまる。トルコ風呂の個室内での撮影や、性行為を細かく描写する記事が目に付くようになる。またこの時期から広告に「ポルノビデオ」という言葉が登場し、80年代からはアダルトビデオが記事のなかで大きなウエイトを占めるようになる。以上のような時期区分を設定してみたわけだが、『アサヒ芸能』という雑誌の性格はほぼ第一期に確立されたといえる。よって本章では、主にこの時期の記事を中心に分析している。筆者が入手できた第一期の記事数は全部で134本。そのうち売春防止法や売春、あるいはこれに関連した記事が86本であった。ここでの議論はそのような記事をベースにして、特に赤線を象徴する「吉原」とその周辺盛り場に注目する形をとった。
4　神崎 (1974: 119)。
5　福富 (1995: 102)。
6　東京都台東区 (1965) には、浅草の衰退の原因が次のように述べられている。「市域都市圏の拡大による盛り場の分散や交通機関の発達によ

る流動状態の変化及び時代の転変によって信仰心や趣味娯楽が変化し、又他地域にデパートや優秀映画館が続出したことが変化を及ぼした主な原因になった」。(86)

7　浅草観光温泉旅館組合の設立については、筆者が聞き取りを行った元赤線業者の福井氏にも確認をとり、『アサヒ芸能』の記述がかなり正確なものであったことが分かった。

8　1968年2月11日号「たくましく性に生きた日本の女たち(2)吉原の遊女たち」

9　日雇い労働者の俗称。第二次世界大戦後、復員などによる過剰な労働力供給により就労が不安定で、低賃金の不熟練労働者が多数発生した。このような労働者層の緊急的な雇用対策として、昭和24年緊急失業対策法が施行された。この緊急失業対策法は、国の補助によって地方公共団体の失業対策事業、あるいは公共事業にこれらの労働者層を就労させるべく、公共職業安定所に登録させた。この失業対策事業発足時の東京都の1日の賃金が240円であったことから、登録日雇い労働者はニコヨンと呼ばれた。

10　山谷での売春婦一掃運動は売春防止法の施行を理由に推進されたが、売春防止法が意図していたのは国家が売春を保護・管理していることを意味する実質的な公娼制度の廃止であって、売春の全面的禁止ではなかった。「売春防止法が出来ないと国際連合の総会が採択した人身売買及び他人の売春からの搾取の禁止に関する条約の批准ができない」(歴史評論編集部　1979: 98) ために、政府は売春防止法を制定したのであり、その法律の主旨からは公衆の目に触れない形で行われる単純売春は処罰の対象とはならないことになる。そして山谷は少なくとも「公衆の目」に触れない「真空地帯」としてイメージされている。単にイメージだけの問題ではなく実際にそのように取り扱われもしている。売春防止法は政治や経済の表舞台である都市から性を取り除くことを目的とした。もっといえば首都東京から「吉原」を消滅させることを目的としていた。だが都市の整備や開発が進めば進むほど、処理しきれない混沌と猥雑が

第3章 週刊誌『アサヒ芸能』と性風俗の構成

生み出される。都市はつねにその処理場を必要としているのである。吉原や山谷はまさにその処理場であった。しかし「吉原」という処理場は消滅した。山谷はこれ以後、ますますその混沌を引き受けていかなければならない場所になる。都市に暮らす人間は、そのことを知っているが、同時にそのことを知らない。山谷で売春婦一掃運動が起こったことに衝撃を覚えるのは、そのことを知っているのに知らないからだ。山谷は売春婦を一掃する場所ではない。彼女たちをはじめとする混沌を引き受ける場所なのだ。『アサヒ芸能』がその後の展開に興味を持たなかったことも、結局それが『アサヒ芸能』の読者をはじめとする「私たち」の社会とは関係がない出来事だったからではないだろうか。

11　1959年以後の『アサヒ芸能』の記事の一つの特徴は、それまで東京や大阪などの知名度の高い都市を取り上げていたのが、場所よりも何が行われているのかに重点をおいた記事（「サービスタッチはここまで・ピンクの湯気たてるトルコ風呂」1960年5月15日号など）に変わったことや、それほど知名度のない地方へ注目した記事（「日本の裏街道にあえぐ女たち──三千キロ踏破のルポが語るもの」1961年11月12日号など）が増えてくることにある。筆者が区分した『アサヒ芸能』の第二期（1959年から70年代前半）になると、日本全国を舞台とした探訪記的なセックス連載記事が定着し、第二期の連載記事134本のうちの40本（約30％）を占める。これらの記事は売春防止法に引っかからない形のセックスが、どこに、どんな形であるのかに徹底的に焦点を合わせており、「千束」での形式が定式化されたとみることができる。

12　モラン（1970=1980: 150-151）。

13　だからこそ性風俗は猛烈な勢いで変わっているようでありながら、同時にそれほど異質とも思われない「世界」を紡ぎ続けてもいる。まるで波打ち泡立つ川面とその底流のように。このことについてはのちの章でより詳細に論じていく。

第4章
週刊誌『アサヒ芸能』にみる性風俗生成の仕組み

1. 記事から記者へ

　草創期『アサヒ芸能』の記事を手がかりにして見えてきたことは、売春防止法による赤線の廃止で、吉原的な性風俗は撤退し、千束的なものがプロトタイプとして展開されるようになったということである。性的な空間は、もはや赤線のような境界線によってではなく、どこに・どんなセックスがあるかを語るメディアの用意する領域において担保される。このようなメディアと性風俗の関係性を理解するうえで、H.ガーフィンケルの次の言葉は示唆に富む。「話すこと自体が、'ある状況について話すのに使われており、しかも当の状況を構成する一つの特徴' なのだ」[1]。ここで言われる「状況」を「性風俗」におきかえてみると、性風俗記事とは性風俗について話すこと

＊通巻800号　昭和36年10月29日号　©徳間書店
カメラ／秋山庄太郎　モデル／池内淳子

であると同時に性風俗を構成する特性の一つであることが了解される。そして記事の分析からは、どんな現象が性風俗として語られているかを明らかにすることができた。

しかし読み手でもある筆者には、記事だけでは知り得ない世界がある。たとえば、現在では、「性風俗＝性風俗産業」とされているが、ガーフィンケルの示唆に従うなら、こうしたカテゴリー化がいかにして可能になったのか、このようなカテゴリーを可能にする知識体系はどのようなものか、という問いが立ち現れてくるはずである。記事の分析からは、なにが性風俗として語られているかを見ることはできても、いかにしてある現象が性風俗としてとりあげられ、性風俗記事へと変換されていくかを十分に理解することはできない。記事の「作り手」がどんな意図や狙いをもって、ある現象を性風俗として着目し、「読み手」にどう訴えかけようとしていくのか。性風俗記事が作られ、性風俗が構成される仕組みを明らかにすることが一つの課題となってくる。

そのため筆者は、複数の『アサヒ芸能』編集者にインタビューをした。インタビューからは、性風俗が『アサヒ芸能』の柱であるという認識が世代を超えて共有されていることや、そこに「アサ芸」独自のルールがあることが明らかになった。また、長年『アサヒ芸能』で過ごした編集者は、「その文化における決まり事や約束事をはじめ実に多くのことについてそれほど深く考えないで」[2]処理できるため、記事の作成の仕方については「つっこんだ取材」や「単に軟らかいだけでない記事」といった以上の説明が困難であることもわかった。そこで『アサヒ芸能』のなかでも、特に性風俗記事に精通した人物として紹介された井口氏（仮名）の具体的な経験から、『アサヒ芸能』の「フィルター」に迫っていく方法をとることにした。

第4章　週刊誌『アサヒ芸能』にみる性風俗生成の仕組み

　1961年に『アサヒ芸能』編集部のメンバーとなり、96年に退社するまで性風俗記者として過ごした井口氏は、徳間氏のいう「二流ジャーナリズム」に徹した人物だった。63年頃スタートし70年代前半まで続いた、『アサヒ芸能』の顔ともいえる性風俗の長期連載特集の担当メンバーに最年少で指名された。取材と記事の執筆を分担する、他誌では一般的なアンカー制度をとらない『アサヒ芸能』で、井口氏は取材の仕方から記事の書き方まで、性風俗記事作成のノウハウを徹底的に叩き込まれていった。連載終了後も『アサヒ芸能』の性風俗記事を担当し続けた井口氏は、「理屈はいらない。生(なま)の、裸の言葉であればいい」という姿勢を貫いた。これは徳間氏のいう「二流ジャーナリズム」に通じる。60年代から90年代を性風俗記者として過ごした井口氏ほど、『アサヒ芸能』の性風俗の切り取り方を熟知した人物はいない。本章では、井口氏のインタビューデータ[3]をもとに作成した鳥瞰図を手がかりに、性風俗記事の作り方を探っていく。

2.　性風俗の鳥瞰図[4]

　井口氏の30年以上に及ぶ記者の経験は、個別具体的なエピソードに満ちていた[5]。だがそれゆえに、質的データの豊かさを損なうことなく、全体の枠組みを捉えることが、分析上の重要な課題として現れてもきた。その困難をいかに克服していくかという模索のなかで、筆者が採用したのが、KT2コーディング・システム (以下、KT2)[6]というコーディング・プログラムだった。

　長文のテキストデータから、分析の基本要素となるコードを抽出

図4-1

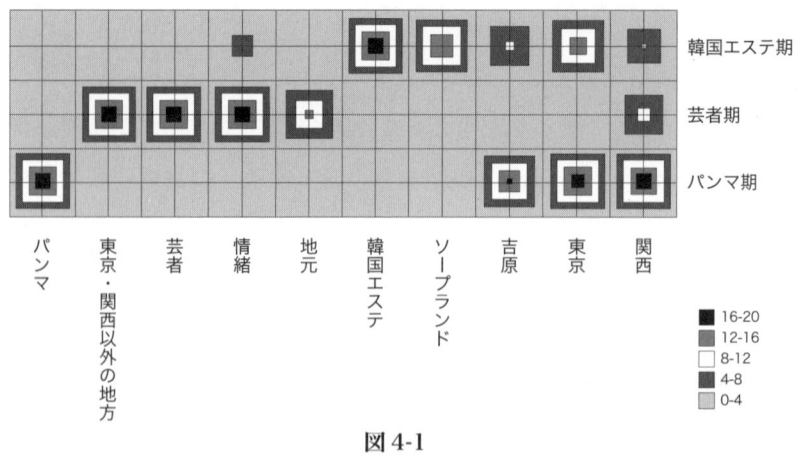

するために開発されたKT2は、CAQDAS (Computer Assisted Qualitative Data Analysis Software) の一種である。KT2は分析対象とする文章を単語単位に分解し、量的に分析することを可能にするプログラムである。量化されたデータは、KT2の機能を使うことで、クロス表の形でグラフ化できる。筆者はKT2によるインタビューデータのコーディングを繰り返すことで、最終的に総出現度数が216になる63種類のコードを抽出し、10のカテゴリーに統合することができた（図4-1）。これらカテゴリーはその出現状況から、三つの縦軸に分類することが妥当であると判明したが、データ整理にあたり、このような枠組みを迅速に発見・作成しえたのも、KT2によるところが大きい。

　グラフを構成する三つの縦軸のうち、第一の軸は〈パンマ〉をキーワードに区分され、井口氏が入社し連載担当者となる63年頃までの話題に相当する。第二は〈芸者〉〈地方〉〈地元〉〈情緒〉をキーワードとする軸で、ここに包摂されるのが連載を担当していた約10年間の話である。第三が〈韓国エステ〉〈ソープランド〉をキーワー

ドとする軸で、連載終了後の70年代後半から退社する96年までの話に相当する[7]。グラフは等高線グラフを真上から見たもので、四角の面積が大きく重なりが多いほど、出現率が高いことを示している。出現率は（当該カテゴリーの当該時期の出現度数）÷（当該時期のカテゴリーの総出現度数）×100で求め、これにより三つの縦軸それぞれの総出現度数の偏りを調整している。

以下、KT2によって得られたキーワードと、それによって区分される三つの時期を手掛かりに、性風俗生成の仕組みを明らかにしていくことにする。

3. 読者としての「出張マン」

井口氏の話には読者の存在がつねに前提されている。彼が語る性風俗は、自身が想定していた読者像を地平として生成されており、性風俗の姿はあくまで、この読者像との相関のもとに考える必要がある。では井口氏が想定していた読者とはどのようなもので、その読者にどう語ろうとしていたのか。（Ｉ：井口氏、Ｑ：筆者）

Ｑ：記事を読んでて思ったんですけど、コールガールとか何回も（デートに失敗して）無駄にお金を使っているようなものもありましたよね。

Ｉ：無駄ということはあり得ないんですよ。というのは、旅行ブームというのではなかったんですが、やっぱり読者がいて、で、結局私どもが体験したことをみると安心して行けるじゃないですか。水先案内人みたいなもので。それが雑誌のね、性風

俗であれなんであれ使命であるという風に考えているんですよ。〔略〕つまりこれから旅行ブームになる、と。あるいは出張マンがですね、全然（地理の）わからない所に行って酒を飲みたい。じゃ、どこで飲んだらいいんだと。で、私どもが体験したことをみると安心して行けるじゃないですか。そういうノウハウをね、僕らは背負ってるんだと。

　井口氏は長期連載のターゲットが「出張マン」だったという。出張するサラリーマンというと、職場では責任ある仕事も任せられ、仕事帰りに遊ぶ気力・体力の余裕もある30〜40代の、家庭を持っていてもおかしくない壮年のサラリーマンの姿が想像される[8]。では、そんなサラリーマンへのアピールがなぜ出張だったのか。
　それは、出張が単なる用務ではなく、単調な生活からの束の間の脱出を許す特別な時間でもあったからだろう。旅行ブームが本格的に定着するのは1970年代以降のことであり、井口氏が連載を担当していた1960年代から1970年代初めにかけては、国内であっても遠方へと出かける機会はそれほど一般的なものではなかった[9]。当時のサラリーマンが出張という場面で、旅行で経験するような昂揚感や不安、好奇心を抱いたとしても不思議はない。『アサヒ芸能』の連載は、記者が読者の水先案内人となり、出張先での遊び方のノウハウを読者に用意する手引き書となることを想定して書かれていたのである。だからこそ井口氏は、「安心して飲める店を探す」ことや、「必ず女性とデートできる」ということに非常に気をつけていたとも語っていた。
　だが、見知らぬ土地の情報や遊び方のノウハウを得るためだけなら、『アサヒ芸能』の他にもふさわしい情報源はありうる。『アサヒ芸

第4章　週刊誌『アサヒ芸能』にみる性風俗生成の仕組み

能』購読の目的には、マニュアル以上の何かがあり、作り手である井口氏自身もそれを強く意識していた。

　あそこは近寄らない方がいいとか、注意しなさいっていう教訓を記事に入れるようよく言われました。でも私の記事には教訓は一切入ってない。読者に読んでもらうのになんで教訓とか（必要があるのか）。ただ、ここは注意しなさいとか、この女性はいいですよ、というくらいならね、いいですけど。わたくしはもうホントに、読者が記事を読んで行ってみようとか見たいなとか、そういう気持ちを起こさせなきゃ風俗の記事じゃないと思ってましたから。

　性風俗の記事に重要なことは、読者にそこへ行ってみたい、見てみたいという気持ちを起こさせることである。いくら記者が面白がっても、その記事が読者に興味をもたれないのであれば、風俗の記事になりえない。読者は井口氏の記事を手がかりに、物語の主人公として参加したいという想いや、自分を登場人物とする空想への旅立ちを経験する。それは一方で自分たちに起こりうる「現実」であり、他方では起こってほしい現実への「期待」でもある。井口氏の記事はノンフィクションであると同時に、フィクションとして楽しまれる。彼の記事は出張サラリーマンのファンタジーをかきたてる。記者と読者との感性が共鳴することで、井口氏が書く記事ははじめて性風俗の記事となる。それが上手く出来なければ「風俗の記事じゃない」。では、どのようにして読者の「行きたい、見たい」という気持ちはかきたてられるのだろうか。彼らのファンタジーをかきたてる性風俗とは、一体、いかなる仕組みでもって生成されるのだろうか。

4. 〈パンマ〉の発見

　井口氏の語りをもとに作成した性風俗の鳥瞰図をみたとき、井口氏の性風俗記者としての初期の時期に相当するのが〈パンマ〉をキーワードとして軸をつくるパンマ期である。

　Ｑ：最初に性風俗関係の取材に行ったときは、かなり戸惑うことが多かったですか。
　Ｉ：いえ、そうでもありません。というのは、東京、吉原とかしょっちゅう、取材で行ってましたから。大阪から発祥したというパンマがね、東京へ大挙して来た、と。吉原が大変なブームだというときはやっぱり行きましたもの。派手に４頁で「パンマ登場！　東にのぼる」という見出しで。

　性風俗記者としての最初の頃の仕事に吉原での取材があった。売春防止法の施行により「赤線吉原」はすでに消滅していたが、それでもなお吉原は赤線世界を具現化する空間として人々の記憶にとどめられていた。そんな吉原にパンマがやって来たという噂を聞きつけ、井口氏は取材に向かった。「わたくしなんか、そのために吉原の旅館へ行って（パンマを）呼んで。やっぱり、関西から来たのは本当かとか、関西は競争が激しいからこちらへ来たのかっていう話をしました」。こうして『アサヒ芸能』というメディアに紹介され、東京では存在していないも同然だったパンマが周知の性風俗となった。ではなぜこの時代にパンマが注目され、ブームになったのか。そもそもパンマとは一体何だったのだろうか。
　パンマとは「パンパン」と「按摩」という二つの言葉を組み合わせ

第4章　週刊誌『アサヒ芸能』にみる性風俗生成の仕組み

た造語である。今では、パンマという言葉から、この組み合わせを推測することは困難であるし、語の成り立ちを知っても、按摩はともかく、パンパンとは一体なにか分からないかもしれない。敗戦後、進駐軍の兵士相手に体を売る女性を指していた「パンパン」は、この時代特有の響きをもち、敗戦という時代が終わりを告げていくとき、消え去っていく運命にある言葉でもあった[10]。しかし敗戦時に思春期を過ごしたであろう当時の出張マンにとって、パンパンは死語ではなかった。もちろん、その言葉が生きていた時代の生々しさや身近さは失われていただろうが、だからこそパンパンは、彼らが思春期に抱いただろう性的な好奇心や不安を象徴する一語として、彼らの記憶に響き得た。

　そのようなパンパンが按摩という具体的で日常的な存在と結びつくと、イメージの世界の存在であったはずのパンパンが急にリアリティーを帯び始める。一方、出張先で何気なく出逢っていた按摩は、パンパンという素顔をカモフラージュした、非日常的な存在へと変貌する。「現実的」でありながら「想像的」でもあるパンマは、彼らの興味をかき立てる。そんなパンマのいる吉原へ「行ってみたい、見てみたい」と読者が反応したからこそ、それはこの時代の性風俗になりえた。

　では、パンマが性風俗として生成された仕組みはどう説明できるか。このときG. ロダーリの『ファンタジーの文法』が示唆に富む[11]。彼は子どもの創造的想像力をいかに引きだしていくかという関心から、自己を表現するためのファンタジー創作の法則を求めた。その最も基本的なものが「ファンタジーの二項式」である。これは二つの言葉を基本因子として成立するが、言葉同士の距離は離れている必要がある。「なぜなら、想像力というものはそれらの間に類縁関

係を設置し、ふたつの要素が同居しうる（ファンタスティックな）集合をつくり出すために活動を開始することを余儀なくされるからである」[12]。ロダーリのこの定式は、子どもだけでなく大人の想像力についても適用できる。パンマは「パンパン」と「按摩」という二つの言葉を要素とする「ファンタジーの二項式」によって作りだされた「ファンタスティックな集合」であるといえる。このファンタジーの二項式が読者の想像力を刺激する組み合わせだったからこそ、パンマがブームを生みだすほどのファンタスティックな集合として創造されえたのである。

しかし「ファンタジーの二項式」一般が、性風俗と関わるファンタスティックな集合を生成するわけではない。性風俗のファンタスティックな集合となるために必要な要素がある。性風俗だから、当然のことながら、その集合には「性的」な要素がなければならない。パンパンがそれであり、按摩は「性的でない」という要素を担っている。さらにパンパンと按摩とを比較してその差異が際立つのは、それぞれの言葉と日常生活との距離である。さきにみたとおりパンパンは60年代には、まったくの過去のものではないが、今の時代に馴染みあるものでもない。そこには、意味の揺らぎが生じ、明晰な意味が失われつつある。一方の按摩は職業の一つで、パンパンのように取り立てて注目されることもない日常的な言葉である。つまり、性風俗の「ファンタスティックな集合」は、「性的かつ意味の一義性が失われつつあるもの」と「性的ではなく意味に揺らぎのないもの」という二つの要素からなるファンタジーの二項式によって生成される、とみることができる。

以上、〈パンマ〉を手がかりに、性風俗を生成する仕組みとしてファンタジーの二項式という枠組みを得ることが出来た。次節からは

この枠組みによって、他の性風俗の生成についても説明が可能であるかを検証するために、KT2のグラフに出現した〈芸者期〉〈韓国エステ期〉を分析していく。

5. 〈地元・芸者〉とファンタジー

井口氏は63年「全国縦断美女探検」から73年「日本おんな旅」までの10本以上にのぼる連載のほとんどを担当した。

　全国の旧赤線の跡を行って、今どうなっているか、それで今どういう女性がいるかって、そういうのを克明に（取材した）。たとえば芸者街になっておればですね、芸者さん呼んで、玉代を払って、また夜出てください、と。私なんか『アサヒ芸能』にいたお陰で全国、北海道から九州までほとんど行かないところはないくらいで。

連載は全国各地をとりあげていたが、3節で述べたとおり、ただ各地を案内するだけでは性風俗の記事にはならない。「出張マン」が記事を読んでその場所へ行きたい、見たいと思う「ファンタスティックな集合」をつくり出す必要がある。そのために発見されたのが赤線跡の〈芸者(街)〉である。

この頃の芸者は売春防止法の施行を契機とした再編過程のただ中にあった。特に芸だけで身を立てられない二流三流の芸者と、新たに芸者に転業してきた元赤線女性との間で顕著なものとなり、売春防止法以前にあった境界は曖昧なものになっていった。さらに、こ

こで注目したのが井口氏の「赤線跡」という一言である。彼が訪れるのは祇園や赤坂のような一流の芸者街ではなく、「芸者街になっ」た赤線跡である。これは出張マンが訪れることのできる芸者街であり、芸者はより一層性的で、それゆえの曖昧さを具備した存在として映じる。

　そんな芸者を、全国に探し求める井口氏の注意は、ある特定の場所に集中していた。「片山津温泉の芸者」「北陸の温泉地の芸者」「高田芸者」「瀬見芸者」など。「全国」という言葉でイメージされるのは、彼や出張マンが身をおく東京以外の地方である。しかも、地方の芸者には一つ大きな条件があった。（Ｉ：井口氏、Ｑ：筆者）

　　Ｑ：取材先で井口さんが注意してみてたこととか、観察しようと
　　　　思っていたこととかってありますか。
　　Ｉ：やっぱり女性ですよ。つまり渡り鳥のホステスさんがいるか
　　　　どうかって。
　　Ｑ：渡り鳥のホステスさん？
　　Ｉ：地元の方なのか流れ者なのか、いわゆる渡り鳥のホステスな
　　　　のか（を注意してみてました）。芸者さんもおんなじです。

　井口氏が取材で注意していたのは、ホステスや芸者といった女性が、地元の女性かどうかだった。なぜ性風俗記事を書くのに地元であることにこだわる必要があったのか。この問いに接近するために、筆者は「地元」からアプローチするのではなく、それと対置される「渡り鳥」に注目した。というのも、「地元」という言葉は、筆者と井口氏の二人に自明の言葉として共有されていながら、そこから描き出している世界には、どうやら大きな隔たりがあると思われたから

第4章　週刊誌『アサヒ芸能』にみる性風俗生成の仕組み

である[13]。よって、より意味が限定される「渡り鳥」の世界を明らかにすることで、井口氏のいう「地元」世界を照射していく。

「渡り鳥」という言葉は、「流れ者」と同じ意味で使われている。「渡り鳥」も「流れ者」も場所を転々と変わり、どこから来て、何者であるのかが不確かな存在である。渡り鳥の彼女は、確かにいまは芸者だが、しばらくすれば別のどこかで、別の何かになっているかもしれない。これは当時の東京で出張マンが経験していた世界と似通っている[14]。それまでにない勢いで膨張し、多くの人が流れ込む東京では、誰が何者であっても不思議がない。「渡り鳥」や「東京」という曖昧な存在が、やはり曖昧な芸者と接近しても、何の驚きも興奮も生じないから、ファンタスティックな集合にはなりえない。

「地元」は、「渡り鳥」や「東京」の世界と対置される。そこは家族や昔なじみの友人が集う場所であり、誰もが互いのことをよく知っている世界である。人々はいくつもの異なる顔をもつことなどなく、素朴で明快な姿を見せる。この「地元」を語るために、井口氏が気をつけていたもう一つのポイントがある。

筆者は井口氏とのインタビューに際して、1960年代の記事を何本か持参していた。そのうちの「歓楽ルポ・南国松山美人の甘い汁——四国一楽しめる'出張族のメッカ'」(1965年2月28日号) は、偶然にも井口氏が担当した記事だった。そこでこの記事を参考にしながらインタビューを進めたのだが、記事のタイトルについて井口氏と行った次のやり取りが、筆者にとっての一つの謎となっていた。

Ｑ：このタイトルだったら、どのへんが、ポイントになりますか。
Ｉ：ふつう、タイトル、こういうね、土地の名前は入れないもんなんですよ。だからこのあとになると、もうほとんどタイト

ルに行った所の名前とかそういうのはまず入ってないはずなんです。非常に、あの情緒的な感覚でタイトルをつけるという。それで読者を惹きつけるということを非常に意識しましたね。〔略〕タイトルで判断されるケースが非常に多いものですから。

Q：あぁ、そうなんですか。

I：えぇ、もちろん、そうです。

Q：タイトルを判断するのは、読者の方が。

I：読者が。だからタイトル見て、この記事、読んでみたいと。あぁ、松山に行きたいと。それで(記事を)やっぱり読むわけですよ。

Q：タイトルをつけるのは井口さんですか。

I：大体、わたくしの場合は三本くらい、仮に、こういう候補をつけてくれ、と。あと、デスクが見て、「じゃ、これで」っていうことで。だから、これ(松山の記事のタイトル)は、ちょっと、非常に珍しいですよね。土地の名前をタイトルに入れるっていうのはね。

Q：(井口氏の)他の方も、そうですか。

I：ま、デスクによると思いますが、わたくしのケースは、あまり土地の名前はいれないですよ。これが最初で最後くらいじゃないですか。あとは入ってませんから。たとえば熊本だと「肥後もっこす」とかね、いろいろあるじゃないですか、言葉が。で、当時はそれで通用したんですよ。いまは若い人は「肥後もっこす」って言ってもわかんないですからね。

タイトルに土地の名前は入れない。これが「女性が地元かどうか」と同じく、井口氏が性風俗記事を書くうえで重要視していたポイン

第4章　週刊誌『アサヒ芸能』にみる性風俗生成の仕組み

トである。それゆえ「松山」という地名が入っていた記事をみて井口氏は、「非常に珍しい」と驚いていた。タイトルは「情緒的な感覚」でもって読者を惹きつけなければならないという井口氏の説明に従えば、「松山」といった地名は、「情緒的」ではないから使わない、ということになる。では井口氏が考える「情緒的」なタイトルはどのようなものなのか。その例となるのが「肥後もっこす」である。「意地っ張り」という意味の熊本地方の方言「肥後もっこす」なら、タイトルに使えても、「熊本」は使わない。つまり地名自体をタイトルに使用しないのではなく、「熊本」なら「肥後」、「松山」なら「伊予」といった旧国名や、その地方を表す方言を使うという意味だったのだ。

　井口氏が性風俗記事のタイトルに、こうした言葉を使用する意味も、「渡り鳥」や「東京」と対比させて考えてみる。「渡り鳥」は転々とするもの、移ろいやすく変わりやすいものを表象している。それは「東京」という都市の姿とも重なる。常に移動する渡り鳥は、自らが生まれた場所やルーツと切り離された根無し草でもある。つまり「渡り鳥」は、歴史を失った刹那な「いま」という時間に生きる存在でもあるのだ。

　一方、「伊予」や「肥後」という旧国名は、歴史という時間とのつながりをもった場所を用意する。このように考えると、なぜ「松山」という地名は使わないかも了解されてくる。「松山」は、出張マンが仕事のために向かう地方都市であり、「東京」という世界のミニチュアである。それでは「渡り鳥」と対置される「地元」という世界を十分に展開しえない。旧国名や方言は性風俗の舞台となる地方を、「地元」に変換する装置であり、東京以外の地方を指す全国とは、「地元」の集合体として現れるものなのである。

　そして東京から眺めたとき、性的でなく安定した意味世界を成す

「地元」と、非常に性的かつその意味領域が曖昧な赤線跡の芸者という二つの要素の接近が、この時代の出張マンの興味をひくファンタスティックな集合をつくり出す。さらに、井口氏が語った一つのキーワードから、出張マンが「地元＝芸者」の一体何に惹かれたのか、このファンタスティックな集合によってかき立てられた彼らのファンタジー＝ファンタスティックな集合の効果までもが明らかにされる。それが「深情け」である。

　Ｑ：取材に行かれて、記事にするときに、タイトルとかつけなきゃいけないじゃないですか。それはそういう（取材先の）思い出からパッとつけるものなんですか。
　Ｉ：そうですね、一番多かったのは、「深情け」とかね。いまだに印象に残っているんですけど。熱き……、情熱的とかね。もう大体パターンが決まってましたね。それを繰り返して…。うーん、あの「深情け」っていうのはこないだ使ったから、じゃ「情深き」とかね。ま、いろいろ。
　Ｑ：そういう言葉をなぜ使おうと思ったんですか。
　Ｉ：やっぱり、それが一番適当だなと思う…。ほんとにね、九州とか陸奥、東北の女性っていうのは非常に親切っていうか、情が細やかなんですよね、ホントに。たとえば前日にお座敷に来てもらって、いろいろ話を聞いた芸者さんが、翌日10時頃、「もうこんな（時間）に起きるのは初めてだ」って言うけれど、起きて（ホテルまで）来ていただいて、「土地を案内するから」って、こっちを起こすわけですよ。そういうことは非常に勉強になりましたね、ガイド付きみたいなもんじゃないですか。〔後略〕
　Ｑ：じゃ、読者の方が好きそうな言葉というよりも、むしろ取材

第4章　週刊誌『アサヒ芸能』にみる性風俗生成の仕組み

したときの印象でタイトルってつけるんですか。

Ｉ：だけどやっぱり、情が濃かったとかね、情け深いとか、情熱的っていうのは、読者が食いついてくる定番なんですよ、決まり文句。親切だとかね、優しいとか。そういうのは必ずどっか入れるということだから。で、文章でもそういうことを強調するっていうのは非常に意識してました、言われなくても。多少言葉が違っても、必ず意識して。

　芸者は客の歓心を買うよう様々に振る舞う。こうした振る舞いは赤線跡の芸者のように、芸を売るのか色を売るのか曖昧な芸者ほど一層過剰なものとなる。身体的接触や必要以上の親密な態度などは、芸者の媚態が仕事か本気かの判別を難しくする。出張マンも、そんな客の一人として芸者の媚態に本気を認めようとはするが、それはいつも限りなくクロに近い。彼女の媚態はあくまでも仕事だ。

　ところが、芸者の媚態に「地元」という世界が組み合わされると、その振る舞いに仕事以上の意味を見出すようになる。ただし彼女の行為が「地元」という枠組みに収まるかといえばそうではない。出張マンが「地元」に感じる親しみや愛情は、家族や友人たちのそれで、性的な匂いはしない。ところが〈地元＝芸者〉は、地元で出会う世界の延長線上にありながら、それよりもずっと性的で過剰な情感を帯びている。このような情感こそが〈深情け〉なのである。

　芸者と地元とが組み合わされたとき、〈深情け〉というファンタジーが醸し出される。〈深情け〉は、この二つの要素から成り立つが、いずれの要素にも還元しつくされることがない。〈深情け〉に性的な匂いをかぎ取ることもできるし、同時に性的ではない匂いをもかぎ取るができる。ファンタジーは「ファンタジーの二項式」を成り立

たせている、それぞれの要素から導き出されることはない。二つの要素が接近し、ファンタスティックな集合がつくりだされたときに、はじめてその姿をあらわすものなのである。

―――――――――――――――――――― 6.〈韓国エステ〉

　井口氏が『アサヒ芸能』での性風俗記者としての最後の仕事として語るのは「韓国エステ」である。「韓国エステ」を取材した経緯について井口氏は次のように語ってくれた。

　Ｉ：最後は「韓国エステ」。最後の最後でしたけど、上野の、読者が行列で、そのお店に。〔略〕読者が(記事を)みて、「韓国エステ」とはどういうもんだ、と。これは(当時は)出たばっかりだったから。今はブームですけど、3年前といえば、東京で7軒くらいしかなかったんですよ。で、上野が面白いっていうんで、わたくしが行ったんですよ。それが(『アサヒ芸能』での仕事の)最後ですよ。
　Ｑ：これは出たばっかりのところを見つけられたわけですか。
　Ｉ：えぇ、そうですよ。
　Ｑ：どうやって見つけたんですか？
　Ｉ：それはね、酒を飲んでたんですよ、新橋で。そしたら友人が、「なんか上野に面白いところがあるみたいよ」って。「なんだ」って言ったら、「いや、韓国の女性が、そのいわゆる本番っていうのはない、だけど、それに近いようなサービスを(してくれる)」と。それを聞いて、「どこだ」って言ったら「わかんない」って言

第4章　週刊誌『アサヒ芸能』にみる性風俗生成の仕組み

う。つまりそういう話があるっていう。それで調べてみようって、（上野に）行ったわけですよ。聞いたんですよ。というのは、行っている飲み屋の店長とか、社長に聞けば、噂が入る。「多分、あそこじゃないか」っていうんで、それで行ったわけですよ。そしたら「韓国エステ」って、申し訳なさそうに、小さく出てるわけです。というのは、こういうブームになる前ですから、警察にいいのかどうかっていうのがまだ分からないから、目立たないようにやってた。だけど間違いないっていうんで、それで会社へ帰って「間違いない」と（報告して、取材した）。〔略〕そしたらものすごい反響で、『アサ芸』もほんと売れたというんですけど。それで問い合わせが大変だったと。（記事には店の）電話番号を書いてありませんから[15]。

　井口氏は35年の記者生活のなかで様々なネットワークを育てていた。歌舞伎町や吉原、上野といった盛り場の業者をはじめ、飲み屋などで一緒になった友人なども、井口氏が性風俗の取材をするうえでの重要な情報源となっていた。こうしてアンテナを張り巡らし、新しい性風俗を見つけ出してきたときは、井口氏にとって「もう嬉しいですよ、もう最高です」と語られる経験となる。そして井口氏の『アサヒ芸能』での最後の「最高」の仕事となったのが「韓国エステ」なのである。

　読者に行列までつくらせた〈韓国エステ〉は、「韓国」と「エステ」を要素とするファンタジーの二項式によって成立している。では二つの言葉が担っている要素はどういうものなのか。「エステ」は、主に女性に向けて発せられる言葉であり、エステそれ自体は決して性的でも、意味が曖昧なものでもない。だが出張マンに向けて発せら

れたらどうだろう。ここで思い起こされるのは、「マッサージ」である。この言葉は「性感マッサージ」や「ファッションマッサージ」といった形で組み合わされ、定着することで、性的な要素を発見されやすい言葉へと変質していった。出張マンは自分たちに馴染みのない「エステ」という言葉が投げかけられたとき、そこに「マッサージ」同様の性的な文脈を連想する。さらに、「マッサージ」ほど手垢がついていないため、「マッサージ」以上の新しさもかぎ取ることになる。つまり「エステ」は、ジェンダーという文脈によって意味が変化し、ファンタジーの二項式の「性的でなく自明」と「性的で意味が曖昧」という二つの要素を含み込んだ言葉となる。では「韓国」という要素はどうだろう。

I：韓国とか台湾とか、日本のいまの女性にないね、優しさをもってますからね。出稼ぎっていう根性がそんなに無かったですから。いまはもう露骨に出稼ぎですから。

Q：優しさっていうのは、やっぱり〔略〕いまでも、(読者に)訴えるポイントになっているんですか。

I：なる。そうそう。だからわたくしが、台湾クラブっていうのを、歌舞伎町で一番最初に出たっていう時にやったのも、日本のいまの女性にない優しさがある、と。それはなぜかというと、洋服脱がしてくれたり、靴下を脱がしてくれたり、断わればいいんだけども、やってくれるんだからという。いま、日本女性が忘れた、忘れてないかもしれないですけどね、そういう(優しさがあったから)、だから流行ったわけですよ。だけども、一過性ですから、風俗というのは多分そういうもんだと思うんですよ。

第4章　週刊誌『アサヒ芸能』にみる性風俗生成の仕組み

　韓国の女性に見出そうとするのは、さきの地元芸者でみた〈深情け〉であり、「韓国」は「地元」と同じ要素を担っているようにもみえる。たしかに韓国は国名であり、性的でも曖昧でもない。だが一方で出張マンにとって、「韓国」という言葉は、単に国名を意味するだけでなく、「いまの日本の女性にない優しさ」を発見しうる言葉にもなっている[16]。「エステ」と同じく、「韓国」という一つの言葉が「性的でなく自明」な要素と「性的で曖昧」な要素の二つを含んでいる。「韓国」と「エステ」は、どちらも性的な要素を含んでいながら、そのどちらか一方だけでは、性風俗のファンタスティックな集合を作り得ない。この二つの言葉の組み合わせがあってはじめて、読者にそこへ行ってみたい、見てみたいという気持ちを起こさせる性風俗のファンタスティックな集合が生成されるのである。

　〈韓国エステ〉で見出されたのは、言葉自体の変化の激しさ、意味の多重性である。性風俗を生成する仕組みとして、ファンタジーの二項式という定式を用いることは可能だったが、その要素となる「言葉」のあり方は変化している。それが何を意味するかはさらなる検討が必要だが、井口氏が幾度か繰り返した言葉はその手がかりとなるかもしれない。「そういう今の風俗と昔の風俗は違いましたから……」。

7.　性風俗、その死と再生

　ロダーリの「ファンタスティックな集合」という概念を導入することで、性風俗とはファンタジーの二項式によって生成されるファ

ンタスティックな集合であり、記事の作り手が目指すものは、読者がファンタスティックな集合を創造しうるような、ファンタジーの二項式の「発見」にある、ということが分かった。〈パンマ〉や〈地元芸者〉〈韓国エステ〉に見出された要素とその組み合わせは、ファンタスティックな集合を創造させるに足る刺激であったからこそ、読者に行列を作らせるといった具体的な反応を引き起こしたのである。こうした具体的な反応が不特定多数の人々に広く共有されるとき、たとえば「韓国エステ」は単なる店の名称ではなく、その時代の性風俗になっていく。

　むろん、その時代時代の読者にとって、魅力的なファンタジーの二項式は変化する。『アサヒ芸能』は「二流に徹する」ことで、読者が求めるファンタジーの二項式を発見し続けた。そしてこれら要素の内容を差し替え、その新しい組み合わせによって、ファンタスティックな集合を不断に作り変えていくなかで、性風俗は死と再生の過程を歩み続けていくのである。

注

1　ガーフィンケル (1987: 16)。
2　佐藤 (1992: 39)。
3　以下、とくにことわりがない限り、ここでのインタビューは2000年6月21日に行われたものである。
4　ここで行われたデータ分析の方法とその詳細については、本書の補論に掲載した。
5　井口氏の想起法での語りは歴史的に検証する必要があるが、本章では性風俗記事の生成の「仕組み」を取り出すことに重点をおき、歴史的検証については今後の課題とする。

第4章 週刊誌『アサヒ芸能』にみる性風俗生成の仕組み

6 KT2は1999年に川端亮（大阪大学）と谷口敏夫（京都光華女子大学）によって共同開発されたコーディング・プログラムである。その説明は、本書の補論にて行っている。

7 語の出現状況を手がかりに分類された記者生活35年の三つの時期は、日本社会の性風俗の時代的変遷と密接な関わりをもち、戦後の性風俗の移り変わりを鳥瞰するのに有効な手がかりとなる。だが注5で述べたように、井口氏の語りの内容は『アサヒ芸能』の記事内容とつきあわせるなどの歴史的検証の手続きが必要である。それゆえ本章での時期区分は、あくまで以下の分析のための便宜的なものとして位置づける。

8 週刊誌とサラリーマンとの結びつきについては、週刊誌研究会編著（1958）でも指摘されている。戦後の都市化は都市の就業者であるサラリーマンの数も増やした。1950年代後半にみる日本の経済復興と急速な工業化は都市就業人口のさらなる増大と、都市部における住宅不足、それゆえの住宅の郊外化へとつながっていった。週を単位とした生活周期と長時間の電車通勤といった条件は、週刊誌がサラリーマンという読者層に注目するに十分な理由を用意している。

9 山本明（1987）は1970年に始まるDiscover Japanというキャンペーンとその後の若者による旅行ブームの到来、ホテルの大衆化について触れている。1970年は、旅行が人々にとって手の届く、一般的なレジャーへと移り変わっていたことを象徴する一つの節目だったと考えられる。

10 ダワー（1999=2001: 143-167）。

11 ロダーリ（1973=[1978] 1990）。

12 ロダーリ（1973=[1978] 1990: 40）。

13 「地元」についての議論は、本書の補論を参考。

14 1950年代以降の経済成長は、東京をはじめとする都市の姿を変貌させたが、1959年に東京オリンピック開催が決定すると首都東京の改造は一挙に進められた。「まなざしの地獄」のN.Nが上京したのも、全国探訪という趣旨の長期連載が本格化する1965年のことだが、そこには東京という大都市が変貌していく時代の空気のようなものが感じられる

（見田：1979）。

15　この点について2000年6月22日に長綱氏（故人）に話を聴いた。性風俗の特集記事では店の住所や電話番号、値段を書かないというのが基本的な方針になっている。値段を書くことで、特集記事が店のPR記事の形になることを避けるためと、記事に書いた値段と、それを読んだ読者が店に行ったときの値段が違うと苦情を受けることもありうるからである。ただし井口氏が担当していた特集記事のように、値段を書いているものは、店の住所や名前、電話番号を明記せず、読者から問い合わせがあれば答える場合があるとのこと。

　こうした方針は長綱氏が入社した頃から、編集長や上の人からずいぶん厳しく言われてきたものらしい。風俗店の電話番号や住所を明記しての紹介は、そういった類のコラムやページで行っている。また性風俗関係の記事でも本番（売春）を扱ったものに関しては一切問い合せに応じない。読者を装って警察が問い合わせをしてくることもありうるし、またそうした関係者からの問い合せに答えていれば「あそこ（「アサ芸」）はよく喋る」と思われてしまう。そうなると取材をやっていく際にも大きな障害となるから、とのことだった。

16　70年代の「キーセン観光」や80年代の東アジア、東南アジアへの「買春ツアー」などは、90年代の出張マンに、各国の国名から「性的」なイメージを発見させる経験を用意したと思われる。実際、「韓国エステ」の他にも「台湾マッサージ」「フィリピンクラブ」といった名前はあがったが、「フランスクラブ」や「アメリカクラブ」「パキスタンマッサージ」などは登場しない。登場する国名には複数のイメージが読みこまれ、性別や年齢によるイメージの曖昧さが生じているのではないだろうか。

第5章
線の性風俗、その物語の構造

1. 線と点の風俗

　井口氏のインタビューデータを分析することで、性風俗を生成させる仕組みとして「ファンタジーの二項式」という定式を提示し、性風俗をファンタジーの二項式によって生成される「ファンタスティックな集合」として捉えなおした。これは性風俗という表層的で、うつろいやすい現象に、ある種の法則を見出す作業でもあった。

　しかし1960年代から90年代までを、性風俗記者として過ごした井口氏は、次のようにも述べていた。「今の風俗と昔の風俗は違いましたから」。彼が言う、今と昔の風俗の違いとは一体どのようなもので、風俗は一体どのような変容をとげているのか。

　井口氏の言葉の意味を探るために、まず彼がなにを「今」の風俗、

*通巻900号　昭和38年10月13日号　©徳間書店　**通巻1000号　昭和40年9月26日号　©徳間書店
　カメラ／細江英公　モデル／佐久間泰子　　　　　　　　カメラ／佐藤明　モデル／陸麗明

「昔」の風俗として語っているのかを明らかにしておこう。

　Ｉ：昔と今やっている雑誌（『アサヒ芸能』）はずいぶん変わりましたからねぇ。
　Ｑ：どんなところが……。
　Ｉ：風俗もの今やっても、「亀吉がいく」（のような）イラストの。昔はああいう発想なかったですからね。だから、現代的だなって。いやいや、今の読者はそれでいいわけでしょ。だけど昔は、それじゃダメ。せいぜいイラストっていうか、地図を入れて……。

　KT2によって作成した鳥瞰図にあった〈芸者期〉は、井口氏が性風俗の長期連載記事を担当していた時期にあたり、彼のいう「昔」の風俗とは、この頃の連載記事を指している。これと対比して語られるのが、インタビュー当時に連載中だった「亀吉がいく」というルポである。ルポライターの松沢呉一氏が、毎週、各地の風俗店とそこで働く女性とのやりとりを紹介する人気コーナーで、平均３ページ、紙面の上部３分の２が漫画ルポ、下部３分の１程度が記事という構成になっている。

　各地の性風俗を探訪するというコンセプトは、井口氏の担当していた連載とそれほど変わらないが、漫画を使った表現形式は「現代的」で、昔にはなかった発想だと井口氏は述べている。しかし井口氏は、そこに表現の形式以上の差異を感じ取っている。さきのインタビューの続きを引用してみよう。

　Ｑ：「亀吉」とかのシリーズ、ああいう形はやっぱり当時では……。
　Ｉ：というよりゾーンなんですよね。

第 5 章　線の性風俗、その物語の構造

Q：ポイントではなく。
I：ポイントではなくて。いまはもうピンポイントみたいなもんで、昔は違うんですよ。線だったわけですよ。その場所と。そのなかでユニークな人物がいるとか、異色芸者がいるとか、あるいは異色ホステスがいるとかっていうのを探してた。やるのはその地域なんです。赤線なら赤線地帯と。なになに地帯と。

　いまの性風俗がピンポイントという「点」であるなら、昔の性風俗はゾーンをつくる「線」。
　たしかに「亀吉がいく」がとりあげるのは、店であり、店で働く女性であるから、「点」であると表現することができる。この連載に限らず、アダルトビデオや風俗店の紹介がほとんどである風俗記事も、「線」が囲むゾーンをつくってはいない。では「線」あるいは「地域」としての性風俗とは具体的にどういうことなのか。実際に、「昔」の風俗として語られる〈芸者期〉の長期連載記事をとりあげ、その意味を探っていく。

2.　性風俗という物語のパターン

　『アサヒ芸能』にとって性風俗は、創刊の頃より、雑誌の一つの重要な柱となっていた。たとえば草創期の『アサヒ芸能』では、「男3000人との記憶"足を洗って"ある赤線女性の手記」(1957年3月24日号)、「欲望町の0番地」(同年11月24日号)、「都会のスリル」(同年12月24日号)といった特集記事や、「セックス裏街道を行く（全4回）」(1958年2月2・9・16・23日号)などの短期連載が誌面を飾っていた。

しかし半年から1年に及ぶ性風俗の長期連載が組まれるようになったのは、1960年代以降のことである。井口氏はその時の経緯を次のように語ってくれた。

風俗を徹底的に、充実させていこうって。それまでも単発的にいろいろ風俗を、このようにやってましたけど、充実しよう、と。定期的に、レギュラーで[1]。

当時の編集長は小金井道宏氏(故人)だった。1957年の入社以前の学生時代からすでに『アサヒ芸能』の記事を執筆する、生え抜きの編集者であった[2]。彼は井口氏に、「生の、裸の言葉を書けばいい」と言って、記事の書き方を教えた人物でもある。小金井氏は1965年から71年までの約6年間[3]と、1974年から75年までの1年間と、『アサヒ芸能』としては異例なことだが、編集長を2度も務めた。その編集長時代、実売部数が40万部近くに達し[4]、井口氏らの担当した連載は、まさに『アサヒ芸能』の絶頂期ともいえるこの時期に掲載されていた。

現在、1960年から1974年までの間で入手できている目次は約314本にのぼる。これら目次から、長期連載が本格的に始まったのは、1965年3月「新日本・夜の五十三次」であることがわかった。「にっぽんの女」(66年)、「やぶにらみ海外ルポ」(67年)といった連載が続き、1970年代に入って再び「男性天国再発見」(70年)、「各県別新男性天国」(71年)、「日本おんな列島」(72年)、「港町のおんな」「日本おんな旅」(73年)、「女ありて痴呆旅」(74年)という長期連載が立て続けに組まれている。

これら連載は大体見開き4ページの分量で、東京の人間である体

第 5 章　線の性風俗、その物語の構造

験者が、東京以外の土地を訪れ、探索し、その土地の女性といかに出逢うか、がテーマになっている。ここでは「新・日本夜の五十三次」の「すぐに効いちゃうコンビナートの女・四日市市」(1965年10月17日号)を中心に、その語りをみていく。

2.1　場所

　体験者は連載の中で、自らが探訪した場所とその様子を記事にする。では、どのような場所がとりあげられているのだろうか。四日市で体験者が報告した〈場所〉を、記述の順に追ってみる。

　　(1)　東京駅窓口　名古屋行きの新幹線の切符を買い求める
　　(2)　名古屋駅の売店
　　(3)　四日市　雨の激しい四日市
　　(4)　タクシー
　　(5)　トルコ風呂
　　(6)　新宿のヌード・スタジオ (回想)
　　(7)　二番街の「U」というバー
　　(8)　「性具と性薬・あかもん」という看板のある"四つ目屋"
　　(9)　数軒のバー
　　(10)　タクシー
　　(11)　一軒の飲み屋
　　(12)　裏手にあるアパート
　　(13)　アパートの部屋

　この記事の1ページ目には、体験者が歩いた四日市市の地図が一緒に掲載されている。四日市駅、警察署、市営球場や市役所といっ

たランドマークと、体験者が訪れた「二番街」「あかもん」や市内の繁華街にあたる場所とが、地図中に書き込まれている。四日市の記事では通りすぎただけの場所も含め、13ヵ所が登場しているが、この連載では大体平均して10ヵ所が記事に登場する。描かれる場所としては他に、寿司屋、喫茶店、散髪屋、薬屋などもあったが、どの記事にも比較的よく登場するものとしては、トルコ・センター、ヌード劇場、バー、飲み屋、旅館、アパートがあげられる。

2.2 登場人物

　記事には場所だけではなく、人物も描かれる。ここではどのような人物が、さきにみた場所に登場しているのかを、2.1でつけた場所の番号と対応させる形でみていく。

　　(1)　国鉄職員
　　(5)　トルコ嬢
　　(5)'　隣室の男
　　(6)　隣室の男
　　(6)'　ヌード・スタジオの女
　　(7)　淡路恵子似のマダム
　　(7)'　一人の中年男
　　(8)　ステテコをはいた主人
　　(10)　タクシー運転手
　　(11)(12)(13)　太った女

　ここで登場しているのは、体験者を除いて10人である。ほかには17人登場する記事もあったが、連載の平均的な登場人数は10人

第 5 章　線の性風俗、その物語の構造

前後である。体験者を主人公と見たとき、この物語に欠かせないのは、主人公の相手役となる女性で、大抵、物語の終盤になって登場する。ほかによく登場するのは、タクシー運転手や踊り子、トルコ嬢、男客、商店主、マダムなどである。

2.3　基本パターン

　この連載は複数の担当者がおり、行く場所や体験内容も異なっている。そのため、連載全体を通じてのパターンを見出すことは難しい。しかし場所と人物という要素に分解したとき、四つの場面で展開される、基本的なパターンがみえてくる。

　第一の場面となるのが、トルコ風呂やストリップ劇場である。体験者は、訪れた土地の繁華街を目指して歩き回るなどして、これらの場所をみつける。しかし、ほとんどの場合、期待を裏切られる。四日市の場合はこうである。

> 　いちげんのトルコ風呂でスペシャルを行うか否かは、身体を洗う作業が最後の地点に到達したとき、トルコ嬢が石けんをつけたタオルを「どうぞ」と差し出すかどうできまる。トルコ嬢の手が背中から胸にまわり、足のつま先からスネを経て内ももに達し、期待に胸が高鳴ったところで、彼女は私の目の前にタオルをつき出した。私は落胆して自分で洗い、ベッドの上に横たわった。

　この記事では登場していないが、ストリップ劇場も非常によく描かれる。そのほとんどは「いい加減」だと酷評される。たとえば岡山市の記事（65年7月11日号「真夜中に変貌する"偽善の町"？」）の場合はつぎのようである。

六人の踊り子たちが、いれかわり立ちかわり現れて、はじめはとにかく踊る。とにかくというのは、下手ともなんとも形容のない、それこそトタン屋根の猫のようなハネ方で、思わずわたしは「なにしとるんじゃ」と声に出したら、ガムを噛みながら手足を振り回していた女に「踊りだよ」と一言かるくいなされてしまった。

　ストリップ劇場やトルコ風呂では、ストリッパーやトルコ嬢のほかに、地元客が登場する。「四十から五十に手のとどきそうなオッサンばかりで、これがまた騒々しくワメキたて」たりするような客だったり、踊り子にバカにされるような「お行儀のいい」客だったりする。ストリップ劇場の様子は、しばしばこうした舞台の踊り子と地元客の反応とによって描かれる。このとき体験者は、あくまでもその劇場の観察者であり、彼らと一緒になって楽しむようなことはない。そして小屋を出た体験者は、ほかに「どこかおもしろいところ」はないかと、街をふらふらとさまようのである。
　そうして、最初に訪れるのは大抵バーである。物語の第二幕はここで展開される。体験者は、バーのマダムやホステスが地元客と交わす会話に耳をそばだて、あるいは自身が彼女たちと言葉を交わす。
　四日市の記事では、体験者はトルコ風呂を出てから「二番街の'U'というバー」に入り、「バーでバカな会話をする」典型の一例として、一人の中年客とマダムの会話を採録している。また博多の記事では、体験者とマダムとの次のようなやりとりが描かれている(65年4月11日号「変わりゆく博多小女郎の心意気」)。

第5章　線の性風俗、その物語の構造

　ウィスキー・グラスを何度もおかわりしながら、いささか酔ったふりをし、ワイ談をはじめてみた。それから口説きの文句。
「銀座の女の子の八割はダンナ持ちだよ。博多はどうなんだ」
「やはり、ほとんどダンナもちですね」
「そんな女をぬすむのはたのしいよ」
「ダンナっても東京あたりから月に一、二回やってくる人もいるのよ」
「ハカチョン（博多チョンガーの意味）の彼女もいるだろ？」
「いますね。下宿へつれて行けば安く上がりますから。お互い得ってわけよ」
「どのくらい手当てを出せばいいの？」
「わたしの知ってる子なんか、月に一万五千円か二万円くらいらしいわ」
「博多の女はやさしくて、面倒見がよくて、おまけに気っぷがいいっていうじゃないか」
「ところが、最近はそうじゃなくなったらしいわね。よそからの流れ女が多くなったでしょ。もう平均的ニッポン人になってしまったわ」
「今夜、つきあってくれる女の子いないかな。ホテル・ニュー・ジャパンあたりへ連れてってもいいが、ね」

　ここで体験者はマダムから、女の子と遊ぶには小一万円はかかることを聞き、「もっと安くて効率のよい遊び」を求めて店をあとにする。第一場面であるストリップ劇場やトルコ風呂でも金額が書かれているが、バーでは、その店で実際にどれだけの酒を飲んでいくらかかったか、という情報が書かれる。さらに、この界隈で女の子と

遊ぶための相場や、地元の人間でなければちょっと分からない穴場の情報などを聞き出し、再び街を歩き回る。

　四日市を探訪している体験者は、バーを出てから「性具と性薬・あかもん」と書かれた看板を見つけ、その店に入っていく。そこでの「ステテコをはいた主人」との出逢いが1ページにもわたって描かれている。少し長くなるが、一部を引用してみる。

　　主人のTさんは六十三歳である。もう五十年近くこの商売を続けているという。戦争中は営業を自粛するようにいわれたが、在庫品が多かったので一日も休まずに営業を続け、今日にいたったのだという。
　　こうした人物なら、必ずや性に関して独特の哲学を持っているにちがいない。私はそれを聞いてみたく思った。
　　「Tさんは、この商売をどういう風に考えておられますか」
　　「どうって…ただの商売ですわ。ものを売って利益を得る、つまり商売ですわ」
　　「しかし、こういう商売は本当は一番ひとに喜んでもらえるいい商売だとぼくは思うんですけれども、たとえば戦争中のようにダンアツされるというような……」
　　「別にダンアツはされません」
　　「しかし、人間にとって一番いいことをしてですね、あまりよく思われないというような……つまり、ぼくはこの商売はたいへん社会に貢献していると思うんですけれども……」
　　「社会にコーケンしてるて、あんたそんな大ゲサな──。わたしとこの商売は、産婦人科のお医者さんや産婆さんと同じですわ、扱うモンからいって。産婦人科の医者や産婆さんが社会に貢献し

第5章　線の性風俗、その物語の構造

ているなんて理屈いいますか。いうたら、かえっておかしい」

「しかしですね、その人たちは別に軽蔑されていないというか……」

「わたしも軽蔑はされてません」

「もちろん、軽蔑はされてませんけれども……」

私はシドロモドロになった。

〔中略〕

「あかもん」という名前の由来を聞くと、「ただなんとなく」という答えであった。"貢献"などという言葉を使って、Tさんの失笑を買ったが、四日市の「あかもん」は東大の赤門より社会に貢献していると私は思う。

私は「女が辛抱タマランようになる」クスリをポケットに入れて、「あかもん」を出た。このクスリを飲ませたら、ひょっとして私も女にモテるかも知れぬ。

第三の場面となるのは、こういった地元の人との出逢いである。ここまで詳しいやりとりが描かれることは珍しいが、それでも女性ぬきでの土地の人とのやりとりは、この連載でしばしば登場する。ここでは「あかもん」といわれる性具屋の店主とのやりとりだったが、ほかに寿司屋の寿司職人、散髪屋、公園の浮浪者との出逢いなどが描かれた記事がある。体験者はそこでたわいのない会話を交わすだけのこともあれば、「なにか面白いところ」の情報を仕入れることもある。

第一の場面や第二の場面で登場する地元客は、あくまでも体験者にとっては観察対象であり、彼らとの直接的な接触はほとんどない。しかし第三の場面で体験者は、店で働く女性とは別の地元の人間と

言葉を交わし、その土地との距離感を変調させる。この第三の場面の機能は、バーで展開されることもあるが、とにかくこの変調を経て、体験者はその土地の深部へと足を踏み入れることになる。

体験者が土地との距離を縮めると、いよいよ物語は最後の場面へと入っていく。この第四の場面にしばしば登場するのがタクシー運転手である。彼らは、物語の冒頭とこの最後の場面とで、体験者を案内するという役割を持っている。最後の場面で、タクシー運転手は体験者が仕入れた「おもしろいところ」へと連れて行くだけのこともあれば、タクシー運転手自身が穴場情報の提供者として、体験者を案内することもある。いずれにせよ、ここで体験者は、単なる旅行者ではなかなか知り得ない「穴場」へと導かれていく。

では、四日市の記事の場合はどうだったろうか。「あかもん」でクスリを手に入れた体験者は数軒のバーをめぐるが、相手役となる女性をみつけることはできない。そこで体験者は「あわててバーを出てタクシーに乗り、女性のいる場所に連れて行ってくれるように頼んだ」。タクシー運転手は、しばらく車を走らせて「一軒の飲み屋に案内した」。

　　女は飲み屋を出て、裏手にあるアパートの階段を上がっていった。アパートの部屋には家具がほとんどなく、真中に汚いフトンがしかれている。
　　あとで聞いた話では、四日市にはこうした一見アパートふう、一見旅館ふうの場所が二十軒近くあるという。したがって、値段は部屋代コミで時間が二千円から二千五百円、泊まりが五千円から五千五百円ぐらいだ。一人の運転手は、こうした場所のことを単純明快にオ××屋と呼んだ。

第5章　線の性風俗、その物語の構造

　体験者が最初に訪れるストリップ劇場やバーは、案内者がいなくとも、繁華街の中のそれと分かる看板を目印に歩けば、容易に訪れることができる。その土地の者でない旅行者にも開かれた場所であるといえる。

　しかし、この最後の場面の「一見アパートふう、一見旅館ふう」の場所は、事情を知らない人間にはなんら特別な意味をもち得ない、ただのアパートやただの旅館でしかない。ところがタクシー運転手という地元の人間に案内されるとき、この「一見アパートふう」の場所は「オ××屋」として、体験者の前に現れる。こういうケースは四日市の記事に限らない。たとえば博多の記事の場合なら、体験者は待合の女将に「住吉橋のたもとにある屋台」を教えられ、奈良の場合では小さな酒場のマダムに「ほんまはイチゲンさんは断って」いる旅館を世話してもらえる。そこで彼らは、ただの旅行者では知り得ない、その土地の別の顔と出逢うことになる。

　太った女はフトンの上に横坐りにすわり、人の好さをまる出しにした顔で、また笑った。私は「あかもん」で買ったクスリのこと、それを持ってバーを回ったが失敗したことを、彼女に語った。彼女はアゴをそらし、ノドチンコが見えるほど大きく口を開けて笑った。笑いすぎて、アハアハと息をきらせている。
　「そんなに笑うなよ。笑いすぎる女は魅力ないぞ」
　「うち、そのクスリ飲んでみたいわ」
　「そうか、飲んでみるか」
　包紙を破って、箱の効能書をみると、ヨヒンピン製剤と書いてある。なんだ、ヨヒンピンだったのか。

女は台所の蛇口をひねってコップに水をくみ、クスリを飲んだ。太い首がゴクリと上下した。
　女はフトンの上に寝て、神妙な顔で天井を見つめている。そしていきなり「効いてきた」といった。
「効いてきた。効いてきた」
「そんなにすぐ効くわけはないだろう？」
「いや、効いてきた」
「本当かね……？」
「ホントに効いてきた、早くしよう」
　雨戸をたたく雨の音が、一段と激しくなってきた。いまや、四日市の街は全面的に濡れていた。

　第四の場面で体験者は、自分の夜の相手となる女性と出逢う。彼女たちは、自分たちのところへやってくる男たちの事情を承知のうえで、言葉を交わしていく。しかし彼女たちが売春婦と形容されることはない。そう呼ばれるのは、夜の街で立ちんぼをして、直接、体験者に声をかけ、値段交渉をする女性の場合である。体験者の相手となる女性とのやりとりは、屋台のおばちゃんや旅館の女将、あるいはヤリ手などの第三者をとおして行われる。値段交渉が成立すれば、体験者は目的の女性と二人で、旅館やアパートの一室へと移るのである。
　性風俗記事では、この女性とのやりとりは物語の一番の山場となるわけだが、そこでメインとなるのは会話である。体験者のバーでの失敗談に太った女が「ノドチンコが見えるほど大きな口を開けて笑」い、彼女自身が「そのクスリ飲んでみたいわ」という。こうしたやりとりは、体験者と女との関係性を伝え、読者は体験者に対する

第5章　線の性風俗、その物語の構造

女性の好意さえ読みとることになる。そして女の「ホントに効いてきた、早くしよう」という言葉を最後に、場面は雨の激しくなった四日市の街へとうつる。このセリフのあとの二人の成り行きは、言わずもがな、という形で読者の想像へと委ねられるのである。

　体験者と女性との性行為そのものが具体的に描写されないというのは、四日市の記事に限ったものではない。たとえば「徳島女に"夜明けの歌"はない」（65年5月11日号）では、体験者と女性とが「ことに当た」ったあとの様子が詳しく描かれているが、性行為それ自体についてはほとんどふれられていない。その一部を抜粋してみる。

　　しまいには、おれは全国を股にかけたミシンのセールスマンということになり、女の妹が嫁入りするときには、特別にミシンを安く売ってやることになってしまった。
　「それにしても『おちゃこやらんじょ』ということばはいいねぇ。もう一度、いってみてくれないか」
　　ミシンのセールスマンは女にいった。女は顔を半分ふとんにかくして、ゆっくりとそれをいった。ミシンの一台くらい、ただでくれてやりたい気持ちだ。

記事ではこのやりとりの前に次のようなことが書かれている。「徳島デハ、女ノソノコトヲ、ちゃんぽアルイハおちゃこトイイ、客ナル男ニ向カイ'おちゃこやらんじょ'ト呼ビカケルノデアリマス」。徳島の方言である「おちゃこやらんじょ」という言い方を知った体験者が、女にもう一度、それを言ってくれ、と頼んでいるのがこの場面である。体験者の相手となる女性との出逢いが描かれる第四の場面で重要なのは、女と交わすこうした会話であり、会話を通して

知れる女の人となりである。この会話によって、女がこのような商売についたいきさつ、身上話が語られることもあれば、女の親切な様子が語られることもある。そんな女との別れによって物語は幕を閉じる。

3. 性風俗の構造

　第4章で井口氏へのインタビューを分析したとき、浮かび上がったキーワードの一つに〈地元〉があった。この言葉は、前節でとりあげた性風俗記事においても、やはり重要な要素となっていた。ではこの地元という世界が、記事のなかでいかに作られていたのだろうか。

3.1　地元世界の構成要素

　地元世界の重要な構成要素となるのは、登場人物である。体験者が地元を経験するのは、その土地の人との出逢いや会話を通すことによってであり、こうしたやりとりが、体験者をその土地ならではの出逢いへと導いていく。ではどのような人物によって、地元世界は織りなされていくのだろうか。

　地元という世界は、主に3タイプの登場人物によって構成される。東京からやってきた体験者を地元世界へと繋ぐ〈仲介者〉、旅人である体験者が出逢う〈土地の人〉、彼の旅の目的となる〈土地の女〉である (図5-1)。

　〈仲介者〉となるのは大抵、タクシー運転手で、体験者を繁華街へと連れて行き、〈土地の女〉のところへも案内する。ただしタクシ

第 5 章　線の性風俗、その物語の構造

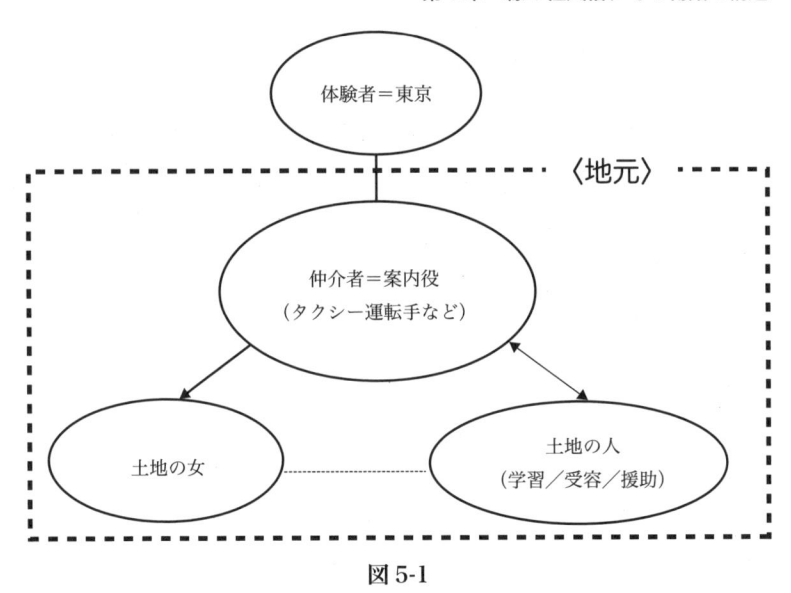

```
         ┌─────────────┐
         │ 体験者＝東京 │
         └─────────────┘
  ┌ ─ ─ ─ ─ ─ ─ ─ ─ ─ ─ ─ ─ ─ ─ ─ ─ ─ ─ ─ ┐
                            〈地元〉
  │      ┌─────────────────┐              │
         │  仲介者＝案内役  │
  │      │(タクシー運転手など)│              │
         └─────────────────┘
  │       ↙              ↕                │
   ┌──────────┐     ┌──────────────┐
  ││ 土地の女 │----│   土地の人    │       │
   │          │    │(学習／受容／援助)│
  │└──────────┘     └──────────────┘      │
  └ ─ ─ ─ ─ ─ ─ ─ ─ ─ ─ ─ ─ ─ ─ ─ ─ ─ ─ ─ ┘
```

図 5-1

ー運転手以外に、〈土地の人〉もその役割を果たすことがある。

　〈土地の人〉は、この物語で三つの機能を果たしている。まず地元客として、体験者にその土地の流儀（方言、女の口説き方、値段交渉の仕方など）を学習させる機能をもっている。体験者は、旅人という外部者であるわけだが、寿司職人や旅館の女中や番頭、公園の浮浪者といった人々との交流が、体験者を受容し、居場所を与える機能を果たす。そして散髪屋の職人や待合の女将、バーのマダム・ウェイターといった、受容の機能を果たす人々が、ときには体験者に「なにかおもしろいこと」を教えるなどして、体験者の旅の目的を達成する援助の機能を果たす。このとき〈土地の人〉は〈仲介者〉の役割を担うこともある。

　そして、地元世界を構成する要素のうちで、最も重要になってくるのが〈土地の女〉である。さきにみた性風俗記事の分析から、〈土地の女〉として登場する女性には、第一の場面の〈ストリップ・ト

```
              〈赤線的世界の女〉
                裸体（+）
                会話（+）
                性行為（+）

                   △

  〈芸者・ホステス〉           〈ストリップ・トルコ嬢〉
    裸体（−）                    裸体（+）
    会話（+）                    会話（−）
    性行為（−）                   性行為（−）
```

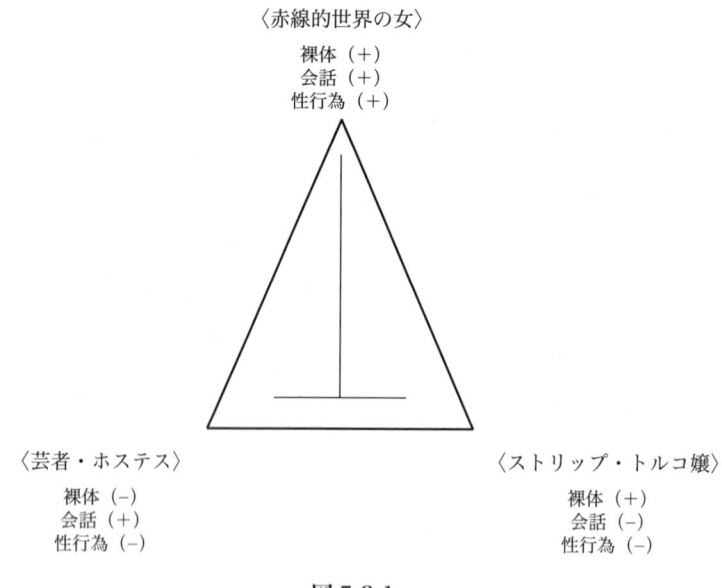

図 5-2-1

ルコ嬢〉、第二の場面の〈芸者・ホステス〉、最後の場面のしもた屋や屋台などにいる〈赤線的世界の女〉という三つのパターンがあることがわかった。この三項の関係性は、マリオッティ（1999）[5]が提示した体系を援用することで、図5-2-1のような三角形で表すことができる。

　この三角形を成り立たせる縦軸は、「性行為」という軸によって作られている。性行為をすることが前提条件となっている〈赤線的世界の女〉が、三角形の頂点に位置し、そうではない〈ストリップ・トルコ嬢〉、〈芸者・ホステス〉といった項が三角形の基盤に位置づけられる。

　次に〈赤線的世界の女〉と〈ストリップ・トルコ嬢〉によって作られる右辺であるが、これら二項は裸体をさらす存在であり、身体的なセックスアピールによって特徴づけられる。これは〈芸者・ホ

第5章　線の性風俗、その物語の構造

ステス〉が着飾る存在であることと対極である。〈赤線的世界の女〉と〈芸者・ホステス〉によって作られる左辺を特徴づけているのは、体験者と女たちのあいだで成り立つ会話である。この会話は、ストリップなどでみられる一方的な発話や、トルコ風呂でのよそよそしいやりとりではない。

たとえば、「デパートの女の子はどうです？」と話を持ちかけられた体験者が、連れて行かれたしもた屋での経験を次のように記事にしている（65年11月14日号「女ミイラを発掘した静岡の夜」）。

　　彼女は腕時計に目をとめると「十五分」といった。〔略〕それからドサッと布団に倒れると、カタレプシー（硬直症）患者のように五体を硬直させた姿勢で、彼女はふたたび宣言した。「十五分」
　　……体験者がそこにいたのは、正確に十五分間だったのではなかろうか。そして、その間にカタレプシーのデパート・ガールとの間に成立したコミュニケーションは、たった一語——「十五分」だけであった。
　　〔中略〕
　　むかし、赤線というところでは、客を送ってから、一応、化粧直しをすまし、しかるのちに店頭に立った。そこには選択の余地さえあった。しかるにどうか、当今では十五分間隔で硬直したイガタに液体を流し込むオートメーション作業をBGのアルバイトと称しているのだ。

性行為を前提に、「三十前後の女」という第三者が値段交渉を行って、体験者の相手役となった「デパート・ガール」は、〈赤線的世界の女〉になりえていない。それは「硬直したイガタに液体を流し込

むオートメーション作業」であって、赤線の女たちとはまったく異なる世界のことなのである。

　ここで実際、赤線で働いていた女性に客を選択する余地があったかどうかは、問題ではない。むしろ「そこには選択の余地さえあった」ということが重要なのは、客＝男の側から見たとき、女が自分と寝るのは、彼女がそれを商売としているからだけではなく、男との金銭をぬきにしたやりとりを通じて（それゆえ第三者が値段交渉を行う）、女自身が男との関係を選択したという認識が可能になる点においてであろう。会話は、女との関係が、男の支払う金銭によって一方的に決定されたものではなく、男と女双方の意志によって選び取られた関係であることの、ほとんど唯一の証左となる。

　魅力的とされる性風俗には、裸体という身体的なアピール、会話という双方向的な関係性（もちろん、本当に双方向か否かは問題ではない）、性行為の確実性が求められている。〈芸者・ホステス〉は性行為という要素における不確定性が高いため、〈赤線的世界の女〉ほどのアピール力がない。また〈ストリップ・トルコ嬢〉は、会話という要素が欠如しているために、裸という性的なかたちで存在しているにもかかわらず、性行為へとつながることはない。すべての要素を満たす〈赤線的世界の女〉だけが、地元世界を舞台とした性風俗のヒロインになりえるのである。

3.2　「地・図」としての〈地元〉と〈土地の女〉

　以上、〈地元〉と〈土地の女〉とをそれぞれ体系化してみた。では、〈地元〉と〈土地の女〉という二つの体系にはどのような関連性があるのだろうか。ここからは、65年の連載だけではなく、70年以降の連載記事についても併せてみることで、この問いに取り組み、性

第 5 章　線の性風俗、その物語の構造

風俗のモデルを精錬させていく。

　〈地元〉は性風俗の舞台として選ばれているが、その世界自体が性的な空間であるわけではない。より正確には、体験者は〈地元〉の深層部にある性的な世界を訪ねている、と表現できるだろう。そんな〈地元〉の性的な世界を担保しているのが、〈土地の女〉なのである。

　図5-1でまさしく「図」として現れているのは、実は地元の日常的な世界とは区別される性的な非日常の世界である。〈土地の人〉や〈仲介者〉は、体験者が日常と非日常の境界を越えるために必要な導き手である。彼らがいてはじめて体験者は、目に見えない境界を越えて非日常の世界＝土地の女にたどりつける。そして逆説的ではあるが、この〈土地の女〉によって、地元の性的でない日常的な空間が可能になるのである。

　これまで性風俗を成り立たせる重要な要素として〈土地の女〉に注目し、それを図5-2-1の形で表した。しかし地元という世界にいる女は、この三項がすべてではない。ここから排除されている女の存在がある。つまりそれは、この図を成り立たせる「地」としての地元の女性、そこで暮らす土地の人の妻や娘、恋人としての女であり、家庭という世界にいる女たちである。

　〈土地の女〉は非日常的で性的な世界を用意する。日常／非日常、性的／非性的という境界を存在させ、それゆえに日常的で非性的な女の存在も可能にする。地元にあって、家庭という世界に住む妻や娘たちを、性的な存在にしてはならない。性的な存在にしたならば、彼女は妻や娘ではなく、〈赤線的世界の女〉になるのである。「真夜中に変貌する"偽善の町"？」(65年7月11日号) の記事をみてみよう。

　　彼女は恋人の工員に逃げられ、おもしろくない日を送ったが、

```
              〈赤線的世界の女〉
                   ／|＼
                  ／ | ＼
          〈芸者〉     |      〈ストリップ〉
                ＼   |   ／
         〈恋人〉  ＼ | ／    〈娘〉
                   〈妻〉
```

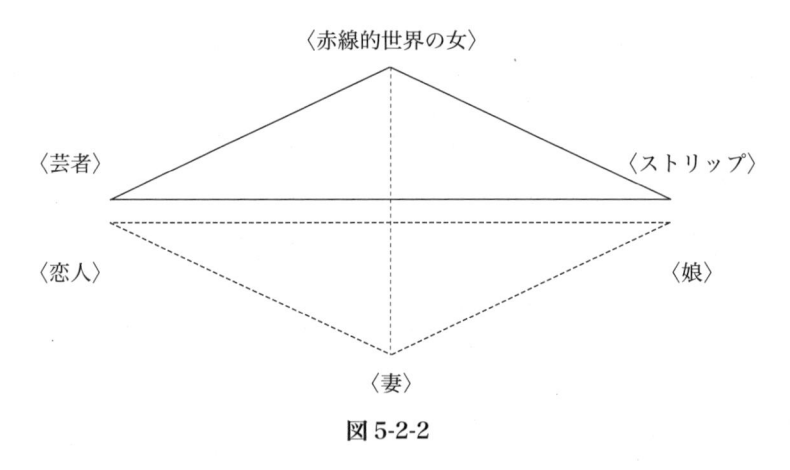

図5-2-2

　ある夜、若いハンサムな男にさそわれ、ついて行き、関係を結んで二千円の小遣いをもらったのが魅力のはじまりになったという。いま勤めている店の給料では、どうしても化粧代が出ないし、それにもう・工・員・の恋人に何度も許したあとだから同じじゃもんね、と無表情にいった。〔傍点筆者〕

　恋人の工員に逃げられたという彼女によって語られるのは、次のようなロジックである。自分は結婚相手とならない男性と性的な関係を結んでしまった。・だ・か・らお金で、その場限りの性行為をしても構わない。なぜなら私はそういう女と同じだから。
　性行為は結婚という世界のものか、それとも赤線的世界のものかという、いずれか一方の世界の行為として位置づけられている。それゆえ〈赤線的世界の女〉には、岡山の記事のほかにも恋人に捨てられたり、結婚に失敗した女などが登場する。よって図5-2-1の〈赤線的世界の女〉を頂点とする三角形は、性行為という共通項をもって形成される〈家庭－赤線的世界〉という対立項をくわえた、図5-2-2として捉え直すことができる。

第5章　線の性風俗、その物語の構造

　図5-2-1の三項がなす三角形が、性風俗の「図」であったとするなら、図5-2-2は、その「図」を可能にしていた「地」、あるいはこの「図」と対照させることで明らかになる「地」も含めた図式である。二つの三角形の各項は、家庭的世界＝日常／赤線的世界＝非日常という対立軸と、それぞれの三角形のなかの位置関係における共通軸とをもっている[6]。

　まず〈ストリップ〉と対置されるのは〈娘〉である。〈娘〉とは、一方で土地の人の家族としての娘であり、他方で体験者が街ですれ違うハイティーンやBGなど、年頃の女性としての娘でもある。「女ミイラを発掘した静岡の夜」(65年11月14日号)にはこう描かれている。

　　二日間の体験からいうと、バーもそれほどぼらない。【…】女の子も赤い水なんぞはせがまない。大体、静岡娘はオットリしているのだ。〔略〕
　　美人はともかく、街を歩いているハイティーンにしても、バーのホステスにしても、感じのいい子が多い。のびのびとしていて、屈託がなさそうだ。

　地元の〈娘〉が体験者に口説かれることや言葉を交わすことはほとんどない。だからといって体験者にまったく無視されているわけではなく、この静岡娘のように「美人はともかく」「感じがいい」など、彼女たちは観察の対象になっている。接触をもつことはないが、「美人／不美人」などの外見が観察されているという点で、〈娘〉は〈ストリップ〉と対応関係にある。
　次に〈芸者〉と対応するのが〈恋人〉である。〈恋人〉はかなり親密な関係性をもった存在であり、二人のあいだには性行為への可能性

```
        〈一夜妻〉
          △
       /    \
      /      \
     /        \
    /          \
〈レンアイ〉    〈おんな〉
```

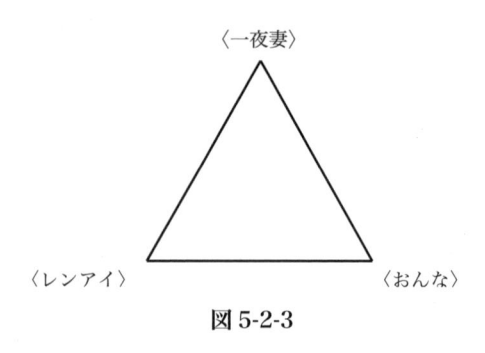

図 5-2-3

が潜在しているが、それが確実に保証されたものではないという点において〈芸者〉と対応している。

　最後に〈妻〉である。〈妻〉は夫である男性との性行為が自明とされているという点で〈赤線的世界の女〉との共通性をもっている。だが同時に〈妻〉の場合は、子の母や家庭の主婦という日常的な女でなくてはならない。〈赤線的世界の女〉が性的で、非日常的な世界を形成する極となっているなら、その対極に位置する〈妻〉は、日常の非性的な世界を形成するための極といえる。

　ここで「地」と「図」がなす対立軸と共通軸によって描かれた図5-2-2をふまえて、図5-2-1を変換させてみると、図5-2-3のように表せる。

　図5-2-2の日常／非日常の世界のそれぞれに配置された三項が、女のカテゴリーをあらわすものだったとするなら、図5-2-3は、カテゴリーではなく、性風俗において求められる男女の関係性をあらわす三項によって成り立つ三角形である。

　まず〈おんな〉だが、〈ストリップ〉や〈娘〉の外観、美人／不美人といった女としての容貌を見られるという関係に対応する。あくまで体験者という男にとっての女であり、一般的ではあるが、単に生物学的な意味での女とは異なる。「伊豆随一モテモテ温泉の濃いお

第5章 線の性風俗、その物語の構造

んな」(70年12月3日号)の語りをみてみよう。

　若い子を、と頼んだのだが半玉のようなういういしい芸者。触れただけでバラバラに毀れちゃいそうで、十六、七にしかみえぬ。小生、こういう痛ましいくらいの女にはからきし弱く、彼女をみていると弥勒菩薩を拝んでいるようで、手出しなどトンデモナイ。
　〔略〕
　いいんだヨ、ムリするな、子どもはジュースでも飲んでろ。オイチイ？　よく噛み噛みして飲むんだよ。【…】体重は三五キロか。栄養もとれヨ、文化の日くらいはスイトンのなかにせめて豚コマでも入れて食うんだな、と彼女も純情、オレも純情。

　体験者の前にいるのは「十六、七にしかみえぬ」女で、彼女は確かに生物学的には女だが、「手出しなどトンデモナイ」「子ども」だと語られる。やせているだの、太っているだのと表現される女の容姿についても、ここでは「体重は三五キロか。栄養もとれヨ」という具合である。そして体験者はお酒をしたたか飲んで、この芸者とは「十時半にわかれ、一人で町へ出て」いくことになる。
　〈おんな〉は、女として眺めることが許された女であり、子どもはもちろん、屋台のおばちゃん、やり手ばあさんなどといった女性も入ってこない。男と女の関係、といった表現が成り立つ条件をもった女が、ここでいう〈おんな〉なのである。
　このような〈おんな〉との間につくられるのが〈レンアイ〉という親密な関係である。レンアイという言葉が頻繁に使われるようになるのは、特に70年代に入ってからのことで、「恋の渦潮に身をもみしだく阿波の女」(71年2月18日号)、「女日照りは思いもよらぬ海道一

123

の恋愛アナ場」(71年7月1日号)といったタイトルが登場するようになる。しかし、ここで使われているレンアイという表現も、また恋愛一般をさすものではない。「奥武蔵に乱れ咲く'お座敷ホステス'」(1970年5月7日号)をみてみよう。

　「そうかい、で、ホステスの玉代はいくら？」
　「一時間六百円だけど、二時間にして…」
　「それは構わないけどな、問題はそのあとだ。アレはいくらか知らないか？」
　「レンアイ？　それは好きになればさせてくれるわよ。でも淫売婦じゃあないのよ」

　ここでいわれるレンアイは、性行為を暗示している。暗示はしているが、性行為が確約された関係を意味しているわけでもない。レンアイとは、ホステスが客である体験者のことを「好きになればさせてくれる」かもしれないが、好きにならなければお金を払ってもさせてくれない、という(不)可能性を残した言葉なのである。だから、仮にホステスが客と寝たとしても、それはお金のためだけでなく、二人のあいだに恋愛関係があったからこその結果である。ゆえに彼女は「淫売婦じゃあない」ということになる。
　上述のやりとりのあと、体験者のところへ呼ばれた二人のホステスと体験者は次のような会話を交わしている。

　「これから、あやめちゃんを連れ出してもいいだろう？」
　年増のホステスにきいた。
　「彼女がレンアイしたいなら、しょうがないわね」

第 5 章　線の性風俗、その物語の構造

年増女がうなずいた。

　レンアイが失敗すればそれまでだが、もし成功したならば、そのときレンアイ相手は体験者の〈一夜妻〉ということになる。この一夜妻という言葉が頻繁に使われるようになるのも、レンアイと同じく70年代以降のことである。「東京の下町でみつけた一夜妻との情事」(70年5月14日号)、「惚れたら離さぬ上州'一夜妻'の憎い夜」(71年5月20日号)といったタイトルや、「もぐりこんできた'一夜妻'」「さても哀しい男のサガと一夜妻との'浅情け'」など、記事の見出しに一夜妻という言葉が登場する。では、〈一夜妻〉は、体験者とのどのような関係性を表すものなのか。

　一夜妻という言葉は、「一夜」と「妻」という二つの言葉から成り立っている。〈妻〉は性行為が自明とされる存在である点において〈赤線的世界の女〉と共通項をもっている。にもかかわらず、〈赤線的世界の女〉を頂点とする〈土地の女〉が性的な世界を担保することで、〈妻〉は非性的な存在として意味づけられることは、すでに述べたとおりである。つまり妻の存在それ自体が非性的なのではなく、ここには常に性的な意味が潜在している。そして家庭という日常的＝非性的な空間にある妻の、性的な意味が顕在化するのが、夜という闇の時間においてなのである。夜と妻との結びつきは、家庭という日常を破壊しないままに、妻を性的な軸へと位置づける役目を果たす。

　しかし単に夜というだけなら、妻と夫の性的な意味の展開と変わるところがない。これを性風俗に変換する要素が「一夜」である。一夜という言葉は、刹那的な時間と関係を暗示する。家庭の夫婦が取り結ぶ、日常的で継続的な関係とは対極である。一夜妻という言

葉は、まず夜との結びつきで、妻を性的な軸へと位置づけ、さらに一夜という言葉によって、妻と夫との日常に潜在している性的な意味を、刹那な非日常の軸へとずらすのである。

前章での議論に従えば、一夜妻は、「一夜」と「妻」という二つの言葉を要素とする性風俗のファンタジーの二項式によってつくられた、ファンタスティックな集合を創造しているといえる。そして、妻のようでありながら、非日常的な存在である〈一夜妻〉との関係が、性風俗において求められる男女関係の頂点に位置するのである。「空閨にもだえた女との行きずりの恋」(71年8月5日号)には、体験者と一夜を過ごした女の様子が次のように描かれている。

「お水、飲みません？」
　いつのまにか、彼女は冷蔵庫から氷をとりだし、アイス・ウォーターをこしらえてくれていたのだ。
　"甘露、甘露"とは、まさにこのこと。ズイキの涙をこぼさんばかりにしてのみほした。すると、クミちゃんは、いそいそとお代わりをつくりに立つのだった。彼女は、世話女房としてもバツグンの資質をそなえているように思えた。
　〔略〕
　ようやく、別れの時間が近づいてきた。やるせない、甘ずっぱい、ちょっとシラけた別れの瞬間が。
「車代にでも」
とさしだす五千円札をクミちゃんはなんども押しかえし、どうしても受け取ってくれなかった。

女は、男が何も言ってはいないのに「いつのまにか」冷たい水を

用意し、しかも一気に飲み干した男のために「いそいそと」お代わりを作ってくれる。彼女は「世話女房」のように、かいがいしく男に尽くし、「さしだす五千円札」を「どうしても受け取」ろうとはしない。彼女が男と一夜を過ごしたのは、お金のためなどではなく、男を自分の夫のように思ったからにほかならない。しかし男と女のあいだに生まれた"夫婦関係"はあくまでも一夜かぎりのもので、二人の間には必ず「別れの時間」がやってくる。夫婦のようになじみ深い関係でありながら、たった一夜でその始まりと終わりとが約束された非日常的な関係。それが〈一夜妻〉であり、この時代の魅力的な性風俗のファンタジーだったのである[7]。

4. 性風俗の変遷

　65年の連載記事と70年以降の連載記事とを分析することで作られた図5-2-3は、二つの時期に共通した、魅惑的な性風俗のファンタジーの集合を表す図でもある。では二つの時代の差違、性風俗の変化という点ではどうだろうか。

　図5-1と図5-2-1を手がかりに、70年以降の連載記事を眺めたとき、二つの大きな変化が認められる。まず〈土地の女〉から、〈赤線的世界の女〉が消滅するという変化があげられる。すると、70年以降の連載で、〈赤線的世界の女〉にかわって〈一夜妻〉の役割を担うようになるのはだれであったのか。

　次に〈地元〉を構成する要素として〈土地の人〉が現れなくなるという変化がみられる。この変化を、現在の視点から眺めたときには、そもそもなぜ〈土地の人〉が性風俗を構成する要素となりえていた

のか、という問いがたてられるかもしれない。この問いは、当時にあっては必要であったはずの〈土地の人〉が、なぜ性風俗の構成要素として欠落していったのか、という性風俗の変化を理解する手がかりとしての意味をもつ。

　本節では、これら二つの変化について考察していくことで、今と昔の風俗の違いを明らかにする手がかりとしていく。

4.1 〈赤線的世界の女〉の消滅と性的世界の広がり

　まず〈赤線的世界の女〉というのは、そもそも売春を前提とした、非合法的な存在である。売春防止法による赤線廃止後の空隙を埋める、時代の徒花であり、赤線が消えたように、いずれ消えゆく運命にあった存在だともいえる。

　しかしすでに幾度か述べたように、〈赤線的世界の女〉というのは、性的で非日常的な世界を担保する存在であり、その世界が明確であればあるほど、それと対置される〈妻〉を極にして成立する世界を、日常的で性的でないものとして意味づけることを可能にもしていた。裏を返せば、〈赤線的世界の女〉が失われたときには、そことの差異によって性的でないとされていた、〈妻〉を極として成り立つ世界が、非性的なままであり続けられなくなるということである。〈赤線的世界の女〉は明らかに性的で非日常的な存在であることによって、性的な世界の女と、そうみてはならない世界の女という境界を作っていた。しかし〈赤線的世界の女〉は消え、この境界は融解した。図5-2-2でみた「図」と「地」とをわける溝は埋められ、「図」の存在によって非性的であることが可能となっていた「地」もまた、性的な意味を滲み出させるようになる。逆説的なようだが、あからさまに性的な存在であった〈赤線的世界の女〉が消えることによって、性

第 5 章　線の性風俗、その物語の構造

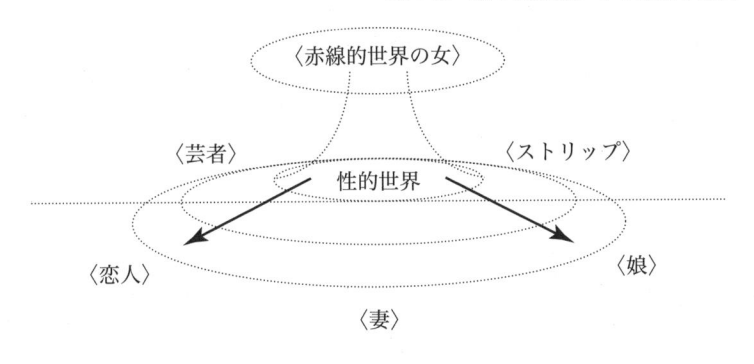

```
        〈赤線的世界の女〉

  〈芸者〉              〈ストリップ〉
           性的世界

  〈恋人〉              〈娘〉
           〈妻〉
```

図 5-3

的な世界はより一層広く、遍在することになったのである(図5-3)。

　この性的世界の広がりは、記事中にどのような形で現れているのか。まず性風俗の物語に登場する女たちという指標によって捉えてみる。

　70年から74年までの連載で、〈赤線的世界の女〉にかわって、最も重要な役割、つまり体験者の〈一夜妻〉という役割を演じるようになるのは、バーのホステスや芸者だった。彼女たちは図5-2-1でみたように、〈地元〉で体験者が出逢う〈土地の女〉の一要素となっていた。つまり〈地元〉の性的で非日常的とされる世界の女であったわけである。〈赤線的世界の女〉が消えたとき、〈一夜妻〉の第一候補となるのは、十分に考えられる変化だとも言える。

　しかし、70年以降の連載では、〈地元〉において非日常とされていた〈土地の女〉以外も、徐々に〈一夜妻〉として登場するようになる。まず現れたのが「旅館の女中」である。「あのおんなこのおんな雪の城崎にて…」(71年1月14日号)では、次のようである。

　　ユカタ姿の女が狭い一人用の布団の片隅に小さくなって寝ていた。

〈オレはさっきの女中に、今晩ここへ来いといったかナ？〉

思わず自分自身に問いかえした。が、そんな記憶はない。が、どっちにしても、こんなありがたいことはない。まして向こうから飛びこんできた据え膳を食わぬという方法はない。

〔略〕

この押しかけ一夜妻、すべての面でたいへんけっこうであった。

旅館の女中は地元の旅館で働く女性であり、図5-1の〈土地の人〉でもあった。つまり旅館女中は、〈土地の女〉とはべつに、体験者が地元で容易に話しかけられる非常に身近な女性であったといえる。ただし性的／非性的、日常／非日常という境界が明確であった頃には、これほど身近な女性であっても、〈一夜妻〉として性風俗の物語に現れることはなかった。それが70年の連載では、この記事の「押しかけ一夜妻」のように、性的な意味をもってこの物語に登場するようになる。

しかし、旅館の女中は性風俗のファンタジーとしてはそれほど魅力的ではなかったようで、彼女たちは次第に記事から消えていく[8]。変わって頻繁に登場するようになるのが、それまでただ眺めて、すれ違うだけでしかなかった日常の女たちである。

1970年7月2日号「カカア天下も今は昔　色濃い情けの上州娘」には、ボウリング場から出てきた、地元の紡績工場で働く女工さんに「ハントが失敗しても、もともとだから……」と声をかけて〈一夜妻〉となった話がある。ただし、彼女はすべてが終わってから、次のような身の上話を始める。「あたしね、一度お嫁にいったのよ。亭主がバクチ好きで、生活費ももってこないから別れちゃった」。

この女工は、一見、性的にみてはならない日常世界の〈娘〉のよ

第 5 章　線の性風俗、その物語の構造

うであったが、実際は離婚という経験をしている女性であった。その意味では、彼女は〈妻〉や〈娘〉のように完全に日常の女でもなければ、性的にみてはならない女でもなかったわけである。しかし、だからといって、65年頃の記事にみたように、離婚のために赤線的世界に足を踏み入れているわけでもない。「'商売ではないから'といって、差し出した五千円はどうしても受けとら」ず、代わりに靴をプレゼントすると「靴をはくたびにあんたのこと思い出しちゃうわ」と「こどものようにはしゃいでよろこ」ぶ彼女は、65年の連載に登場する〈一夜妻〉とは明らかに異なる。

さらに72年以降の連載に登場する女は、この女工のような離婚といった非日常性さえも帯びていない。一人旅の女子学生や洋裁学校生、某小学校の女の事務員さん、銀行勤めのOL、人妻など、図5-2-2でいう日常的で非性的とされる軸に位置していたはずの女性たちが、〈一夜妻〉として選ばれるようになる。「むなしく夜が通りすぎた　ひとり寝の白壁町」(1973年7月19日号)をみてみよう。

　　大阪は梅田の駅一階、喫茶店、本屋、宝塚の切符売場のある広場ではり込み開始。ここは土地の人、旅行客が入り混じり、ある種特別のふんい気のあるところ。本屋をでたり入ったり、その間に'東宝パーラー'でコーヒーを飲んでは、待ち人来たらずの旅行客となって女のコに声をかける。
　　やがて、こちらの話し方にウマが合う感じでいけるコにぶつかる。白い薄手のパンタロンのジーンズをはいた、ショートカットの女のコ。ほとんど化粧もしていない。女子大生かと思えば、これが某小学校の女の事務員さん。

体験者に「これから倉敷までデイトしない？」と誘われた「女のコ」は、誘いにのって、倉敷へと出かけていく。二人で入った居酒屋で、彼女は体験者に「愛の私生活報告」をする。

　「ウン、バージンじゃないわ。高校卒業してその夏。ヘヘヘヘー、好きな男の人と……。べつに恋人じゃなかった。いいのヨ、それで、抱かれてみたかった……。半年ほどつきあった人もいたわよ。別れた。つきあうのも、ねるのもむずかしくないけど、別れるときってあまりいい気持ちじゃないわネ。でも、きっと一緒になるって、もっとむずかしいんだと思う。そうしたいけど、なかなかできないので、結局、別れちゃう…」

　〈一夜妻〉に選ばれた彼女は未婚であるが、バージンではない。女の事務員は「べつに恋人じゃなかった」男、つまりは結婚につながることのない男と、ただ好きで「抱かれてみたかった」という理由で抱かれている。だからといって、かつての記事でみられたように「恋人に何度も許したあとだから同じじゃもんね」と売春をするわけでもない。
　結婚生活や家庭といったものと対置される赤線的世界の消失によって、日常と非日常との境界は曖昧になる。日常とされていた世界の女が、仮に結婚に至らない性的な関係をもったとしても、越境したさきに非日常とされる確かな世界がなければ、その行為の意味は日常世界のなかで回収されるほかない。ここで注目すべきは、女事務員が実際に上記のように語ったかどうかではなく、結婚と結びつかない性的関係をもった女性＝非日常の世界の女、という単純な図式が通用しなくなったという変化であろう。60年代には性風俗の

第 5 章　線の性風俗、その物語の構造

表舞台に現れることのなかった日常の女たちが、70年代の連載では、日常の世界にいながらにして、〈一夜妻〉という性風俗のヒロインにもなれるという変化がここには認められる。

そしてもう一つ、日常／非日常という境界が曖昧になったことによって生じたと考えられる性風俗の変化がある。性描写の変化である。2節でもみたように、65年の連載では性行為それ自体が具体的に描かれることはほとんどなかった。しかし70年以降の連載記事はそうではない。衣服を脱ぐ様子や、女性の身体的特徴、ベッドの中での姿態や女のテクニックまでがこと細かに描かれるようになる。なぜなのか。

その理由の一つとして考えられるのが、やはり〈一夜妻〉として日常の女が登場するようになったという変化なのである。これによって70年代の連載には、65年の連載ではありえなかった関係性が登場するようにもなる。「情けに帆かけて讃岐おんなはシュラシュシュシュ」（70年8月6日号）をみてみよう。

「なあ、ウチと結婚してくれない？」

あえぎがおさまったあと、女はなぜか目ジリに涙のような露をためながら、男の横顔を見て、ポツンといった。

結婚？　本誌おなじみ『男性天国再発見』において、こんな会話のやりとりはタブーのはずだ。だが女はいった。これはどうしたことなのか。

〈一夜妻〉は非日常の女でなければならない。〈赤線的世界の女〉は〈一夜妻〉という非日常的な関係を求められていることも、またそのような関係性を男に提供する役割であることも自明としていた。

しかし、そのような女が消滅したところでは、体験者の相手となる女は、非日常の女ではありえない。銀行勤めのOLや女事務員といった女たちはもとより、バーのホステスや芸者についても、非日常の世界にとどめるための枠が、もはや存在しないのである。このことは女と体験者との関係性が、非日常的で限定されたものだと保証するなにものも存在していないことを意味している。〈一夜妻〉という非日常性を維持することは容易ではなくなったのである。

70年以降の露骨な性描写は、〈一夜妻〉の非日常性を維持するのに重要な役割を果たしている。〈レンアイ〉という親密な関係性のうえに成り立つ〈一夜妻〉が、同時に恋人や婚約者、あるいは妻といった女性でもありうるという事態において、両者を明確に分かつためには、家庭という世界では隠される、女の性的な姿を克明に描くほかない。恋人や妻になりうる日常の女の、露骨なまでに性的な様子を描くことで、二人の関係の非日常性がかろうじて保証される。

〈赤線的世界の女〉によって維持されていた性の境界、あるいは性の規範。『アサヒ芸能』の性風俗物語は、失われた赤線に代わる、新たな境界を模索する物語であった。そして結局、それは見出されることがなく、とめどなく性化していく日常のまえに、境界を探す連載は終わりを告げる。

4.2 境界線が消えたあと

最後に性風俗から〈土地の人〉という要素がなぜ消えていったのか。これも、さきにみた〈一夜妻〉についての変化から理解することができるだろう。

〈赤線的世界の女〉が〈一夜妻〉としての役割を果たしていた頃は、〈一夜妻〉は非日常の世界にしか存在しない女だった。〈土地の人〉と

第5章　線の性風俗、その物語の構造

の結びつきは、余所者である体験者が、〈地元〉の内奥へと通じる道を開く手だてとなる。それを手に入れたとき初めて体験者は、〈地元〉の表層を歩くだけでは見出せなかった〈土地の女〉のもとへと導かれ、日常から非日常への移行を達成できたのである。

ところが〈赤線的世界の女〉が消え、ホステスや芸者、さらには日常の女までもが〈一夜妻〉となりえるようになったとき、事情は大きく変わる。つまり体験者が地元に到着し、繁華街を歩き、バーや飲み屋の看板を頼りに歩けば、〈一夜妻〉となってくれるホステスに出会えるし、それこそ「大阪は梅田の駅一階」ではりこんで、女の子に声をかければ〈一夜妻〉になってくれそうな女性に出会えるのである。もはや体験者は土地の言葉や流儀を学習して、その内奥へとわけいっていく必要もなければ、日常と非日常とを移動するための導き手も必要としない。つまり〈赤線的世界の女〉、それが用意する非日常の世界が消滅したとき、〈土地の人〉もその役割を終えたのである。

井口氏がいう「線から点へ」という性風俗の変化とは、性をとどめる特別な非日常の空間が存在しなくなっていくその過程でもあったのかもしれない。

注

1　2000年6月21日のインタビューより。

2　松崎 (1982)。

3　この間に『アサヒ芸能』の顔ともいえる目玉記事、「山口組三代目」という連載記事が生みだされ、「事件・風俗・ヤクザ」という『アサヒ芸能』の三本柱が確立された。

4　2009年1月～9月の平均印刷部数は20万部前後である（日本雑誌協

会調べ)。

5 マリオッティ (1999: 27)。

6 ここに描かれた世界をレヴィ＝ストロースの言葉をかりて表現するなら次のようになるだろう。「一方ではひとつの複合的形態(図)とそれが姿をあらわす背景(地)との間での、もう一方ではこの形態を構成している諸要素間(要素は二つ以上あるのですから)での、対立と対比の二重のからみあい、ということになりましょう」。(レヴィ＝ストロース 1979: 48)

7 この議論はフランスの売春について研究したコルバン(1978=1991)の議論との面白いほどの一致をみせている。彼は1967年から1969年にかけて、売春の世界でおこった近代化について触れ、つぎのように述べている。「熟年層の男性にとって、売春は単にその場限りのセックス欲求のはけ口というよりも'彼らの夢と寝る'可能性が与えられることになる。〔中略〕自分の相手(パートナー)が自由の身であると思える種類(カテゴリー)の場合には、客は新たに誘惑の幻想を求めてくる。これまでのショートタイムのお決まりの儀式や、ベルトコンベアー式の恋のテンポでは、客の新しい欲求に応じきれなくなったわけである。こうして一九六七年から一九六九年にかけて、'気持ちこみ'の売春が成功し始める。〔中略〕それが我々の時代の売春を特徴づけている」(コルバン 1978=1991: 480)。このことからフランスと日本では同じ風俗の展開があったと議論するわけではないが、コルバンがこのような変化について言及するのに、ミニスカートや胸元露わなファッションといった当時の若者の風俗の自由化に触れていることは興味深い。当時のフランスの若者の風俗は、マス・メディアを通じて、ほとんど時差なく日本の若者にも浸透している。視覚面での誘惑が強められた「女性たちの姿が日常的となる」という風俗の変化が、売春といった性のあり方と連携しているというコルバンの指摘は非常に興味深い。

8 旅館の女中が魅力的な〈一夜妻〉となり得なかった理由には、お金と場所性とが考えられる。ここで引用した「押しかけ一夜妻」の場合には、翌朝、「請求書のほかにちゃんと五千円余分に請求することを忘れなかっ

第5章　線の性風俗、その物語の構造

た」と書かれている。また別の女中は「チップだといって五千円さしだしたら'商売でないよぅ'といいながらも、さっと前掛けのポケットにねじこんだ」(71年4月1日号「激情に荒れた三河おんなの"春一番"）とある。〈赤線的世界の女〉にも、金銭のやりとりがあるのは当然だが、それは第三者を介するか、あるいは事前に行われる。しかし女中の場合はこ
とにあたる前に、そのようなやりとりが行われるわけではなく、「向こうから飛びこんで」きて、まるで女の方が男に恋愛感情があってのことかと思わせていながら、金をとる。ホステスや芸者のようにレンアイのプロでもなく、「商売でないよぅ」と言いながら、渡されたお金は「さっと前掛けのポケットにねじこ」んでしまう女中は、〈一夜妻〉というファンタジーを、物語の最後に壊してしまう。さらに女中は、体験者の泊まる旅館に働いているわけで、体験者は彼女に身元を知られる可能性は非常に高い。〈一夜妻〉にとって大事なその夜限りの出逢いと別れという条件も、女中は満たしにくいと思われる。

第6章
「点」としての性風俗、その探索

*   **

1. 週刊誌の目次と分析方法

　前章では1965年から74年まで『アサヒ芸能』に掲載されていた性風俗の長期連載をとりあげ、井口氏の言うゾーンをつくる「線」の性風俗の姿を明らかにしていった。本章ではそこから移行した、点としての性風俗、すなわち現代の性風俗の姿を明らかにしていく。そのため筆者が注目したのが1970年から1989年まで20年分の目次である。

　目次には週ごとに異なる見出しの部分と、毎週同じ目次タイトルで掲載される連載小説、連載漫画、連載エッセー、対談などのタイトルとがある。これは週刊誌の特集と企画という区分と相応する。特集と企画の違いについて、編集者と筆者とのやりとりを引用して

*通巻1500号　昭和50年4月24日号　©徳間書店　**通巻1800号　昭和56年3月12日号　©徳間書店
カメラ／細江英公　モデル／キャシー中島　　　カメラ／細江英公　モデル／三原順子

みよう。（N：長綱氏、O：小鷹氏、Q：筆者）

Q：特集っていうのは、わりと単発で…
N：毎週毎週、変わるっていうやつ。世の中の動きをみながら、今週はこれで売っていこうっていう。新聞でいう社会部ですよ。トップ屋っていう言葉がそれで出てきたんだけど、トップ記事を作る。基本的にはね。トップ記事っていうのは、1本か2本なんだけど、もっといえば8本かそこらの、今週の売り物の記事を作って。そうじゃない、企画部っていうのは根強い、人気のコラムなり人気の対談なり、人気の小説なりで、またファンを増やそう、という風な役割分担があるんですよ。〔略〕切った張ったが特集ですよ。あるいは警察ネタ、それからスキャンダル。一過性のものと言っていいんだけど。
O：おっきな事件が突発すれば、差し替えて1日で取材に出るからね。
N：もう、ホントひどい時は3時間、2時間で書いちゃう。4日も5日もかけてやった記事をボツにしちゃって、3時間のものでも、やっぱり鮮度のいいものを載せちゃう。そういうのが特集。〔略〕やっぱり、週末にパッと起こったものが、翌週もそれは話題としてひくな、と思ったら、もう絶対載せますね。1本でもね、新しいのが入ってると、鮮度が、印象って違うんですよね。

私たちが電車に乗って目をとめる中吊り広告などに大きく紹介されるのが、ここでいう特集部のネタである。1週間に1度のペースで発行される週刊誌にとって、できるだけ新鮮なネタ、翌週にも読

第6章 「点」としての性風俗、その探索

者の興味を惹くと思われるネタを載せていくことは、売上げを左右する重要な要素である。特集のネタが新たな読者を獲得していくためのものならば、連載を扱う企画部は固定読者を作る役割を果たしている。本章がデータとするのは、特集部によって分担されている週毎に変わる見出しで、その重要性は長綱氏によって次のように語られた。

　週刊誌を1本か2本、読んで、買う人はいないですよ。まず買うか、買わないか、パラパラは読んでいるね。まともに1本でも読んでから買うっていう人は、まずいないですよね。見出しとパラパラの印象ですよね。

つまり週刊誌が読者に最も訴えかけようと力を入れるのが見出しであり、なおかつそれはその時、その時の読者の関心を惹くと思われるもの、関心を惹きそうな語りでもって練られている。ゆえにこの見出しを長期的なスパンで捉えることによって、その時代時代の読者に魅力的と感得された性風俗のトレンドを描き出すことができると考えた。

しかし1冊あたりの見出しは15本前後で、1970年から1989年までのデータは、テキストファイルにして898Kバイトにおよぶ。このような大量なデータを、一律の基準に従って概観することは、人間の力ではほとんど不可能である。またここで取り上げる見出しは事件や事故、スキャンダルなど一過性の話題となるため、小説のような一定の物語の構造をもったものとは異なり、1年、あるいは半年分のデータからだけでも、一貫した枠組みを取り出すことは非常に難しい。

そこで本章では、このデータを分析するための手法として井口氏のインタビューデータの分析に際しても用いたKT2システム（以下KT2）と、今回、新たにKH Coderと呼ばれるコーディングプログラム[1]を用いることにした。KH Coderの使用方法については、KT2と多少の違いはあるものの、データから単語を自動的に切り出し、コーディング作業を進めるという基本的なコンセプトは受け継いでおり、そこにさらにいくつかの機能を追加したプログラムである。今回、KT2だけではなく、KH Coderを利用するのも、KT2にはない機能の一つに注目したからである。

　分析の手順としては、まずKT2によって1970年から89年までの『アサヒ芸能』の見出しに登場した性風俗とその変遷を概観する鳥瞰図を作成し、カテゴリーの出現状況を手がかりに時期区分を行う[2]。そして各時期の特性を把握し、なおかつその時期毎の性風俗に特徴的な語りを明らかにしていく。ただし、KT2による作業では抽出されたある単語の各時期における出現頻度をみることは容易だが、データ全体を通じてある時期に特徴的に出現している言葉を把握することは難しい。そこでKH Coderの「それぞれの部において、全体と比較して、より高い確率で出現している言葉をリストアップすることができる」[3]という機能を利用し、各時期を特徴づける単語を効率的に探索していく。ここで得られた言葉を手がかりに、「点」としての性風俗とは一体どのようなもので、いつ頃から登場し、「線」としての性風俗とはどのように異なっているのかといった問いへとアプローチしていく。

第6章 「点」としての性風俗、その探索

──── 2. 性風俗20年の見取り図

2.1 鳥瞰図による時期区分の設定と各期の特性の把握

今回行ったコーディング作業の詳細については別稿にゆずるが[4]、KT2によるコーディング作業を繰り返すことで、総出現度数16,470を数える8,616種類の単語が抽出されたデータから、最終的に総出現度数2,927、1,036種のコードからなる34のカテゴリーを抽出することができた。このカテゴリーの各年毎の出現率を、グラフにあらわしたのが、図6-1である。

図6-1は1970年から89年までの間に『アサヒ芸能』の見出しに登場した性風俗とその変遷を概観する鳥瞰図になっている。これらカテゴリーの出現状況を手がかりに、次のような時期区分を行った。

まずグラフ左下に集中しているのが「芸者」「ホステス」「マダム」といったコードを中心に構成されたカテゴリーである。この出現状況は、これらカテゴリーが1970年代前半に比較的頻繁に出現していたことを意味している。前章でみた性風俗の長期連載もまた、この時期、芸者やホステスを重要な要素としていたことを考え合わせると、70年代前半という時期を性風俗の変遷を捉えるうえで一つの特徴的な時期とみなしても差し支えないだろう。

次に芸者やホステスといったカテゴリーの出現率が減少していき、代わりに「サロン」や「スナック」「ナマ板」といったカテゴリーがみられる時期がある。これが70年代の後半にあたるわけだが、グラフをみてもこの時期は出現するカテゴリーが非常に少なく、80年を境に、出現カテゴリーの数が増えていることがわかる。

80年代には、その前半を通じて比較的よく出現している「トルコ」や「トルコ街」「パブ」「ピンサロ」といったカテゴリーと、85年以降

143

図 6-1

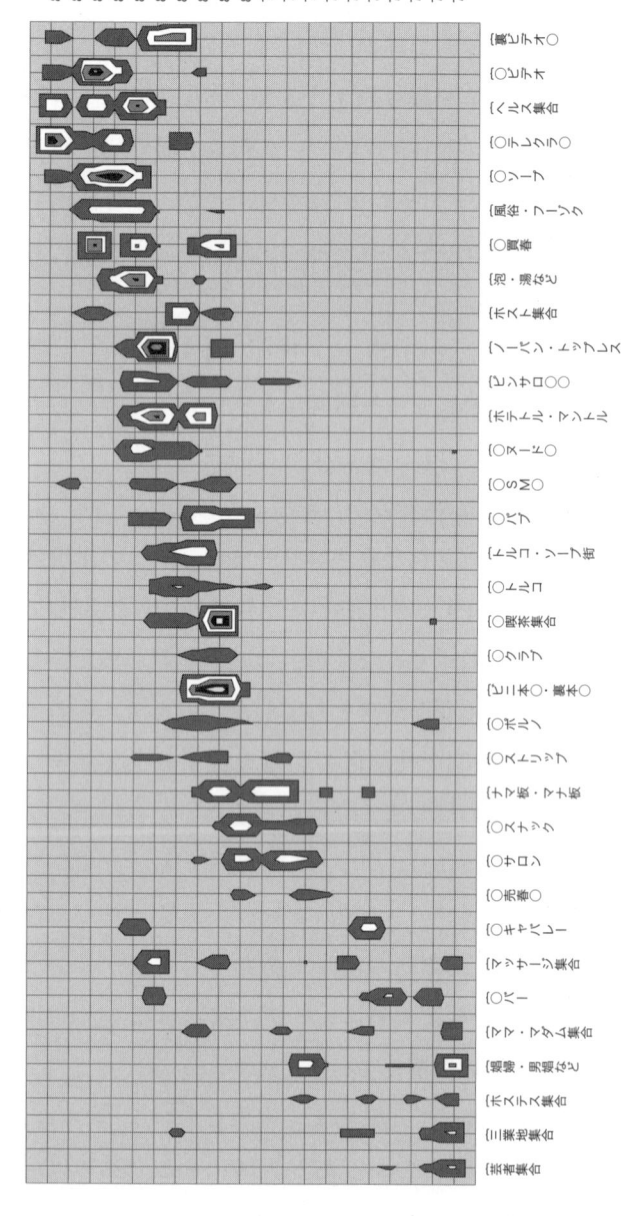

第6章 「点」としての性風俗、その探索

表6-1　各時期に特徴的な単語上位10位

70〜74年	75〜79年	80〜84年	85〜90年
女	ホステス	トルコ	山口組
男	トルコ	SEX	一和会
サラリーマン	サロン	プロ	組長
性	女	野球	ソープ
社員	男	ポルノ	巨人
芸者	人妻	嬢	若頭
沖縄	事件	ファック	有名人
男性	女子大生	プライバシー	グラビア
競馬	大阪	ファイル	ビデオ

に集中して出現する「ソープ」や「テレクラ」「ヘルス」「ビデオ」などがみられる。よってこれらカテゴリーの出現状況から、80年代前半と後半とで時期区分を設定することにする[5]。

　以上、KT2によって作成した性風俗の鳥瞰図を利用することで、70年代前半、後半、80年代前半、後半という四つの時期区分[6]が得られた。そこでデータ全体をつうじて、これら四つの時期がそれぞれどのような特性をもっているのかを、今度はKH Coderの「抽出語　連関規則」と呼ばれる機能をつかって、各時期に特徴的に出現している単語を抽出することで確認してみた。表6-1は各時期に、全体と比較してより高い確率で出現している単語を、上から順に10語ずつ一覧にしたものである。

　図6-1は、性風俗という要素に注目してカテゴリーを作成したものなので、出現頻度は多くても、直接性風俗に関連すると思われないものはあらかじめ排除されている。それに対し表6-1は全データを対象にして、各時期で特徴的な言葉が抽出されている。ただし、その結果を見ると、図6-1とある程度同様の傾向が認められる。つまり70年代前半には、「芸者」がこの時期に特徴的な言葉として出現

しており、70年代後半には「ホステス」「トルコ」「サロン」、80年代前半には「トルコ」や「ポルノ」が比較的高い確率で出現していることがみてとれる。またこれら以外に出現している単語に注目してみても、80年代前半までは「女」や「性」「SEX」「ファック」など、いわゆる性風俗に関連があると思われる単語が目立っていることがわかる。

ところが80年代後半に入ると、このような傾向に変化がみられる。この時期を特徴づける言葉として抽出されているものをみると、「山口組」「一和会」「組長」「若頭」といった暴力団に関連あるものが上位を占めている。さきの鳥瞰図でみた「ソープ」という言葉も特徴的な単語の上位10位以内に入っているが、他の時期にみられた「人妻」や「セックス」といった性と関連があると思われる言葉は、この時期には出現しなくなっている。これは一体、なにを意味しているのだろうか。80年代後半に入って、『アサヒ芸能』における性風俗への言及それ自体が減ったということなのか。それとも性風俗の語りにおける変化がここにはあるのだろうか。

そこで80年代後半にみられる変化の理由を探るために、『アサヒ芸能』の性風俗のパターンが認められた70年代前半と比較してみる。特に70年代前半と80年代後半それぞれの時期に特徴的と考えられる「芸者」と「ソープ」に注目して、これらに特徴的な言葉の違いを探ってみる[7]。

2.2 「芸者」と「ソープ」が紡ぐ世界の相異

KH Coderで70年代前半の「芸者」と80年代後半の「ソープ」に特徴的な言葉を抽出するためにコーディングルールを精錬し、「芸者」と「ソープ」というカテゴリーをそれぞれ作成した。このカテゴリ

表6-2　各期の性風俗に特徴的な単語上位10位

70年代前半 × 「芸者」	80年代後半 × 「ソープ」
温泉	嬢
東京	吉原
ホステス	ヘルス
湯の町	ピンサロ
北陸	プレイ
バーゲン	SEX
夜長	ギャル
熱海	テレクラ
デパート	FUCK
人生	ボーナス

ーと高い確率で出現している言葉を抽出した結果が表6-2である。

　この表から二つの時期それぞれに出現している言葉を比較してみると、いくつかの相違点がみえてくる。まずあげられるのが「土地」という要素である。そもそもここに出現している言葉は、70年代前半、80年代後半の性風俗に特徴的な言葉だが、70年代前半についてみると、「温泉」「東京」「湯の町」「北陸」「熱海」と抽出した10単語のうち半分までもが場所を意味する単語になっている。それに対し、80年代後半では、土地と関連のある単語として抽出されているのは「吉原」の1語だけである。このことは、性風俗の構成要素としての土地の役割が縮減されていったという、前章でみた分析とも整合している。

　さらに、これら二つの時期に出現している言葉の違いを明らかにするため、使われている文脈が不確かな「バーゲン」「デパート」「人生」といった言葉が登場する見出しに戻ってみる。「しのぶ想いを振袖に淡く悲しい舞妓人生」(1970年)や「デパートガール変じて'こんにゃく芸者'」(同年)、「東京近郊で楽しめる芸者バーゲン地帯二十選」(1972年)、「デパート競争を上まわる若手芸者の超濃厚サービス

合戦」(1974年)など、なにか性的な意味で使われた言葉ではなかった。とすると、70年代前半に「芸者」という性風俗を構成する要素として出現している言葉で、それ自体が性風俗となんらかの関連があると思われるのは「ホステス」だけであることがわかる。

一方、80年代後半に出現している言葉をみてみると、70年代前半にはみられなかった「FUCK」「SEX」など性行為を意味する単語が目につく。また「嬢」「ギャル」といった女性を意味する単語は、「ソープ<u>嬢</u>」「とらばーゆAV<u>ギャル</u>」などの用いられ方をしている。さらに「ヘルス」「ピンサロ」「テレクラ」といった言葉は、他の性産業を指し示す。「芸者」と比較してかなり性的な意味をもった言葉が多く出現していることが分かる。

さきに70年代前半から80年代後半までの四つの時期区分それぞれに特徴的な単語を抽出したときには、80年代後半だけが性風俗に関連する単語がほとんどみられず、『アサヒ芸能』における性風俗への言及は後退したかにみえていた。しかし、時期毎に特徴的な性風俗と関連する単語を比較してみると、むしろ80年代後半には性的な要素が非常に顕著になっていることがうかがえる。このような特徴については、前章でみた露骨な性描写の拡散という変化を思い起こせば、その延長線上のものとして理解できるかもしれない。ただし、性的な要素が拡散しているのだとすれば、なぜ80年代後半には性風俗に関連すると思われる言葉があまり出現してこなかったのかという問いが、あらためて浮かび上がってくる。

この問いに接近するため、次節以降では80年代後半の「ソープ」に特徴的な言葉として抽出されていた「ヘルス」に注目していく。この言葉はもともと「ヘルスチェック」や「ヘルスセミナー」「ヘルスクラブ」など「健康」という意味で使われていたが、80年代後半から

性風俗の言葉として頻繁に使われるようになった。つまり「ヘルス」を手がかりにすれば、性風俗という文脈へと置換するために用いられる、この時期の性風俗の技法がより明確に把握されると考えられる。またそれによって、全体的な傾向としては性風俗への言及は縮減しているにもかかわらず、性的な要素は顕著になっているという、数量的なアプローチだけでは十分に理解することのできなかったこの時期の特性を明らかにしていく。

3．「ヘルス」が性風俗になるとき

　「ヘルス」という言葉自体の登場は、80年代後半に入ってからのことではない。「ヘルスセミナー 患者学入門」(1974年) や「ヘルス＆レジャー」(1980年)、「ヘルスチェック」(1983年) など、健康情報に関連した記事についての見出しで頻繁に使われていた。

　「ヘルス」が性風俗の言葉として見出しに最初に登場するのは1982年11月11日号「感度アップベスト13　性感マッサージ付き本番もある新手ヘルスクラブ'1万円の快楽'」である。ただし、この見出しからは、本来、健康増進を目的とする「ヘルスクラブ」という名称を利用して、性的なサービスを行っている「新手」の性風俗が登場したのか、それともすでに「ヘルスクラブ」という名称で性的サービスを行っていたところに、新たに「性感マッサージ付き本番」が加わったという情報なのかが判然としない。実際、これ以降、「ヘルス」は性風俗の見出しに使われず、再び登場するのは1984年のことである。ただしその文脈は大きく変質している[8]。

　表6-3の見出しの一覧をみると、仮に「ヘルス」という性的サービ

表 6-3 「ヘルス」見出し一覧（1984～1989年）

1984年	・好評第2弾ヌード暑中見舞1万円で快感爆発!!「ヘルスエンジェル」厳選20人の納涼プレイ
	・舌ドラフトマンヘル、ローションプロレスマンヘル、早朝熟女ヘルス　きみはどのアイデア新風俗で放出納めをするか!?
1985年	・ピンクはアタマや！　個室エアマットヘルスの強烈ナマ尺、パンティラブレタープレゼントのロリコンヘルス　春乱マンにサバイバル大放出
	・新風俗登場　オフロの町川崎堀之内に殴り込んだ「ソープINヘルス」の無制限卍固め噴射
	・土壇場ネオン街　豪華ヘルスやノーパンチェーン続々　風俗業界に吹き荒れる駆け込みオープン旋風
	・体験ルポ施行3週間　顔見世ナマ本ヘルスや早暁湯房、新風営法そっちのけでぐわんばるSEXゲリラ
	・横綱・出羽の花、大関・陣岳大徹!?「ヘルス番付」で相撲の「大丈夫」を測る
	・人気爆発ニューアイデア真夏の夢を即実現！　美人秘書つき「レンタルオフィス」、一ヵ月フリー「定期券マンヘル」のドリームプレイ
	・好評シリーズ・ヌード名鑑　ホテトル・ヘルス・ピンサロ・ソープ　夏休み学生バイト嬢30人とキャピキャピ納涼FUCK
	・ヘルス＝まどか嬢　月指名150本年間口中発射三千本のハードな舌さばき
	・ポルノビデオから転身したヘルス嬢「イヴちゃんなんてメじゃないワ」
1986年	・成人式祝企画　二十歳の性女があけすけ白状「もう使い減らしたオパンだから、この一年が正念場」・性感ヘルス嬢に濡れ濡れインタビュー
	・ソープ・マンヘル・サービス喫茶　女性経営者3人がナイショ話「いまフーゾクは客も女の子もSEX異変」
	・新方式「ディープポップス」3Pヘルス」のカッキ的放出プレイ
1987年	・東京大阪8店同時バクハツ　外人ヘルス、Eカップギャル…舌で転がす肉弾エスニック
	・（大阪）二輪車2連発ヘルスで背水の陣
	・これがNEWヘルスプレイだゾ！
	・尺八名曲ヘルス嬢
	・店外デイトも拒まぬヘルス嬢
	・Gスポ攻撃のヘルス嬢
	・新人ヘルス69で完全失神
1988年	・多摩＝住宅街ヘルスの「初夜」
	・大阪フーゾク界に火をつけたのぞき放尿、出張和服SM、激安！　三千三百円ヘルスの快感
1989年	・全国縦断！ヘルス・ピンサロ「新緑マドンナ」30人の肌が汗ばむ息づかい！
	・成田アキラ夫婦の「すわっぷ巡礼」妻の目の前で金髪ヘルス嬢
	・成田アキラ夫婦の「すわっぷ巡礼」「ストリップご開帳」に金髪ヘルス嬢も仰天
	・東京・大阪「1万円20店」ソープ・ヘルス・ピンサロの快汗夢心地！
	・ボーナス特選ガイド　ソープ・ヘルス・ピンサロ　「巨乳美女」15人が自慢のバストをユッサユッサ！
	・好評第2弾「欲望びんびん現場」に奇怪タレント6組が大乱入！・エステヘルス
	・全国縦断SEXマドンナ15人の全開技巧！「木馬」の名手・ヘルス界の豊丸・元祖フンドシ娘・幕の内弁当プレイ

第6章 「点」としての性風俗、その探索

スを知らなくても、ここに書かれているのが、ガンや糖尿病などの健康情報ではなく、なにかよく分からないが性産業に関わる内容であることは予測できるだろう。1982年の見出しでみたような、解釈に曖昧さが残るようなものではなく、明らかに性風俗とわかる形になっている。ではそれはどのような要素によって可能になっているのか。

まず注目するのは「おんな」という要素である。この要素としては、1984年に「ヘルスエンジェル」「早朝熟女ヘルス」といった言葉が使われ、85、6年頃からは表6-2で「ソープ」と関連の強い言葉として抽出された「嬢」という単語と結びついて、「ヘルス嬢」という言葉が成立している。ただしその一方で「エンジェル」「熟女」などの表現は、最初の頃だけで、それ以後は使われていない。これはなぜか。

「嬢」という言葉は「トルコ嬢」など、70年代にはすでに性風俗産業で働く女性を指す言葉として用いられてきた。にもかかわらず、なぜか「ヘルス嬢」という表現は、すぐには用いられていない。そこで「嬢」がどのように使われているのか検索してみると、やはり圧倒的に多いのは、「トルコ嬢」「ヌード嬢」といった使われ方だが、それ以外にも「ガイド嬢」「ハイミス嬢」「デパート嬢」「モデル嬢」など、一般的に女性を意味する形でも使われていた。つまり「ヘルス」が性風俗の言葉として十分に認識されていないところで、「ヘルス嬢」という表現を用いても、その言葉から健康的な女性や、あるいはスポーツジムの女性をイメージするかもしれず、直ちに性風俗産業と関連ある女性を指すかどうかはわかりにくい。結果、82年の見出しのような曖昧さが読み手には残されることになる。

では「エンジェル」や「熟女」といった言葉を用いた場合はどうだろうか。これらの表現は、「嬢」という言葉ほど一般的なものではな

く、ましてや健康情報に使われる言葉などではない。「エンジェル」や「熟女」という、女性をイメージさせる特別な言葉を選択し、それと組み合わせることによって、「ヘルス」がそれまで使われていた意味とは明らかに異なるものであることが、読者にはっきりと伝えられる。と同時に健康という意味を担っていた「ヘルス」が、新たに性風俗（産業）の意味世界へと配転される。そして「ヘルス」という言葉になされた初期の転換が成功して初めて、「ヘルス嬢」という表現が性風俗の言葉として生きてくる。

　さらに「ヘルス」を健康という意味ではなく、性風俗の文脈に置くための二つ目の要素が、既存の性風俗（産業）との組み合わせである。たとえば、「ソープINヘルス」「豪華ヘルスやノーパンチェーン」「ホテトル・ヘルス・ピンサロ・ソープ」など。また80年代前半には、すでによく知られていた「マントル（マンション・トルコの略）」によく似た「マンヘル」も使われている。これなども既存の性風俗についての記憶に訴えかけて、「マンヘル」という言葉が「マンション・ヘルス」という言葉の略称であることを想像させ、それによって「ヘルス」という言葉を性風俗の意味秩序に再編するものである[9]。

　三つ目の要素が、性的な印象を喚起するための造語の数々である。「舌ドラフトマンヘル、ローションプロレスマンヘル」「個室エアマットヘルスの強烈ナマ尺」「無制限卍固め噴射」「顔見世ナマ本ヘルス」「口中発射三千本のハードな舌さばき」「二輪車２連発ヘルス」「尺八名曲ヘルス」などの表現が繰り返され、こうした言葉と組み合わされている「ヘルス」が、健康という意味のヘルスでないことは明白なものとなる。

　以上、「ヘルス」という言葉を、性風俗の文脈へと置換するための要素をみてきたわけだが、これら三つの要素を比較してみると、一

つだけ異質なものがある。三つ目の性的な意味をもった造語である。「ヘルス」という非性的な言葉を、性的な言葉へと変形させるために組み合わされた「おんな」や「ヌード」「ピンサロ」といった言葉は、その指示対象の分かる既存の言葉であるのに対し、三つ目の要素だけが、それ自体もまた新しい造語である。この要素こそが、80年代後半の性風俗の特徴——性風俗についての言及が減少したように見えるにもかかわらず、性的な要素は非常に顕著になっているというズレ——について考えるうえで重要な示唆を与えてくれる。次節ではこの造語についてみていくことにする。

4. ことばと視覚

「ヘルス」という見出しで目立っていたのは「舌ドラフト」や「顔見世ナマ本」「口中発射」など、様々な組み合わせによって差異化された造語の数々である。これら造語は類似した文字の様々な組み合わせによって作られているため、KT2、あるいはKH Coderのように数量的に処理するコーディングプログラムでは、すくいあげることが困難な単語群であった。

そこで「ヘルス」の見出しにあった「口、舌、指」といった漢字などを手がかりに、KH Coderの「文書検索」機能を使って、このような文字による造語が使われている見出しを検索し、その結果を四つの時期区分にしたがって一覧表にした（表6-4）。これらの造語は、それがはじめて出現した時期にしたがってリストアップしているので、たとえば80年代後半ならこの時期になって出現した言葉だけではなく、前の時期から使われていた言葉も見出しには登場している。

表6-4　漢字造語一覧

70年代前半	70年代後半	80年代前半	80年代後半
前戯	痴戯	性戯	秘技
性技	舌戯	艶戯	指戯
艶技	愛戯	後戯	指撃
	愛技	乱戯	指芸
	指奏曲	秘戯	指バイブ
		口戯	淫口
		指技	口撃
		舌技	猛口撃
		吸舌	二輪車口撃
		舌好調	口中発射
		舌ドラフト	口舌秘戯
			艶舌
			舌さばき
			舌バイブ
			舌先バイブ
			愛液

　表6-4をみると造語の数が増えていることは一目瞭然だが、いくつか基本要素となる文字があることがわかる。一つが20年間、使われ続けている「戯」と「技」である。70年代前半に「前戯」「性技」「艶技」という言葉に使われているが、特に「前戯」はこの時期に繰り返し見出しに登場する言葉である。

　「たわむれ、遊び」を意味する「戯」という漢字は、遊女を意味する「戯れ女・戯女」といった性的な言葉にも使われてきた。この「戯」と同じ音をもつ「技」には性的な意味はないが、「性」「艶」といった漢字と組み合わされることで、技術という意味が性的な文脈へと配置し直されている。このような配置が繰り返され、また「技＝ギ＝戯」という音の連想によって、しだいに「技」という文字を使って性的な言葉を作ることが可能になっていく。たとえば「指技」という言葉が80年代前半に登場している。これなどは、「技」という文

字の性的な連関が認識されていなければ、性的な言葉としては成立しないだろう。「戯」と「技」は性的なたわむれ、技巧をイメージさせる文字として、他の文字と組み合わされていく。

そして「戯」「技」と組み合わされる造語は数量的にだけではなく、質的にも変化していく。70年代、「戯」「技」と組み合わされていたのは「愛・性・痴・艶」など、情欲あるいは情感といったものとのつながりをもった漢字であった。ところが80年代になると、「口・舌・指」といった身体部位と組み合わされ、「口戯」「指技」「舌技」などの言葉がつくられる[10]。「口」や「舌」という、「技」よりも性的な意味をおびやすい身体に関わる言葉が、性的な文脈へと配置されていけば、「技」という言葉以上に、性的な意味をもった言葉として変形されやすいことは容易に想像できる。実際、80年代には「戯」「技」といった漢字だけでなく、「口」「舌」「指」といった漢字と組み合わせることで、新たに性的な言葉が作られている。

さらにこのことは、単に組み合わされる言葉の種類が変更されたというだけでなく、その言葉が使われる見出しの提示する物語の変更さえも意味していた。

70年代に「戯」という言葉が使われた見出しをみると次のようなものがある。「'三里塚まつり'を前戯にした若者のSEX」(1970年)、「宝田明・銀座ホステスの愛戯に翻弄された同棲六ヶ月」(1975年)など。ここで登場している「前戯」や「愛戯」といった言葉は、セックスという行為はもちろんだが、そのような行為を仲立ちとした男女の関係性、セックスにいたる、あるいはセックスのあとに紡がれる男女の物語、それを成り立たせる一要素になっていることがわかる。重要なのはこの物語であって、「前戯」や「性技」「愛戯」は、この物語の色調を変える要素のうちの一つにすぎない。

155

一方の80年代後半における「戯」といった漢字と組み合わされた造語の登場する見出しを、さきの「ヘルス」以外でみてみると次のようなものとなる。「<u>指戯</u>昇天月間700本　短大ギャルはテクニシャン」(1985年)、「最新女体攻略テク'花芯愛撫'究極の<u>指戯</u>・<u>舌戯</u>20手」(1986年)、「ニューアイドルの<u>淫口</u>フェラが戦端を開いた」(1987年)。ここで使われる「指戯」「舌戯」「淫口」といった言葉は、性器に対してなされるテクニックと関係して使われている。あるいは、いわゆる性産業で行われる射精を目的とするテクニックに限定して使われているともいえる。ここで語られる男女のセックスは、身体的部位を中心に展開され、70年代には関係性に彩りを添えるに過ぎなかったはずの「前戯」といった性のテクニックに関する要素が、いまやセックスを語るに抜きがたい主要素へと転換しているのである[11]。

　このように見ていくと、井口氏の「線」から「点」へという性風俗の変容を、時間と空間、これら二つの交差点において成立する男女の関係性という三つの層で説明することができる。まず空間的には、一つの境界線によって区切られる「地域」あるいは「土地」を舞台としていた性風俗から、性産業の店やそこで働く女性の身体——他とは切り離された閉じた点としての存在——において展開される性風俗へと変容している。表6-2でみた土地と関連したコードの消滅[12]と、女性やヘルス、ソープといった性産業に関連したコードの出現とは、性風俗の舞台の変容を如実に表すものである。

　次に時間的にみるならば、男が女を探し求め、出会い、言葉を交わし、一夜を共にするといった場面場面が一つの連なりをもっていた性風俗が、セックスという行為の時間に集約され、出会いや別れといった時間とのつながりはもはや必要とされなくなった。FUCKやSEXといったコード、あるいは性的行為のコード(舌技・口撃・指

第 6 章 「点」としての性風俗、その探索

戯など）が頻出してくるのは、セックスという行為それ自体が性風俗のほとんど唯一の要素になったことを示している。

　そして「線」の時間と空間をもった性風俗では、男女の関係性を象徴するのは、なによりそこで交わされる「会話」であった。一つの場面、一つの行為が次の場面、次の行為へとつながっていくならば、そのつながりを象徴するのは「会話」というやりとりとなる。ところが、セックスがほかの時間・場面とは切り離された、「点」としての性風俗では、会話によってつながりを演出するまでもなく、男女の関係はセックスから始まっている。とするなら、「点」の性風俗では、セックスという行為以外に男女の関係性を表現するものはない。身体（とその反応）だけが、男と女の関係の指標となり、身体を性的に反応させる「技」こそが、なにより重要になってくる。このとき身体は性的興奮を引き出すための部分へと細分化され、なおかつ肥大化する[13]。

　土地から店／女性へ、女を探し・出会い・一夜をともにするというシークエンスからセックスという場面の限定へ、そして会話からセックスの技術へ。「線」から「点」へという性風俗の変化をこのように見たとき、80年代の性風俗のもう一つの特徴が浮かび上がってくる。「視覚」という要素である。

　土地の魅力とは、一瞥して分かるものではなく、そこで出会う人々とのやりとり、彼らの発する言葉遣いといったものを手がかりに醸し出されていくものである。男と女の会話もまた然りである。ところが「点」の性風俗はちがう。女性がどんな身体的特徴をもっているのか、どんな性的テクニックが行われ、そのとき身体はどう反応したのか。視覚によって認知される情報が性風俗の核となっていく。

　だとするなら、80年代に入ってから急激に増える造語の数々は、

視覚を中心として編成される性風俗を「言葉」によって表現する方法だといえる。「指技」「口戯」といった造語は、文字として読まれることを前提としているというよりも（実際、これらの造語はなんと読めばよいのかは分からない）、漢字一字ごとの視覚的イメージを利用した記号として成り立っている[14]。そして女性の身体や性的技巧といった（それほど大差のない）視覚的差異を、言葉によって演出しようとするとき、それはチカチカとネオンのように点滅しはじめる。

　　「最新女体攻略テク'花芯愛撫'究極の指戯・舌戯20手」
　　「ニューアイドルの淫口フェラが戦端を開いた」
　　「舌ドラフトマンヘル、ローションプロレスマンヘル、早朝熟女ヘルス　きみはどのアイデア新風俗で放出納めをするか!?」

　これらの見出しは、なにかよく分からないが、他とはちがう、今までにないなにかがあるかのように見せかける。この場合、「舌戯」「淫口」「舌ドラフト」とは一体どのようなもので、またこれらがどのように違うのかはどうでもよい。とにかく差異があるように見えることが重要なのである。この差異化こそが、「点」の性風俗を魅惑的なものとして提示し続ける唯一の方法であり、それゆえに、性風俗への言及が減少したようにみえながら、性的な要素は顕著になるというズレが生みだされていたのではないだろうか。

5. フーゾクの生誕

　以上、「ヘルス」を手がかりに80年代後半の性風俗の特性をみてき

第6章 「点」としての性風俗、その探索

た。「点」の性風俗は、「線」の性風俗から移行していったものではあるが、この二つの性風俗は同じ線上にはなく、その描く世界には大きな隔たりがある。それを象徴するのが、KT2によって作成した鳥瞰図(図6-1)に出現していた「風俗」というカテゴリーである。

「風俗」というカテゴリーは、「ヘルス」や「ソープ」と同じく80年代後半になってから出現する。しかし風俗を取りあげるということは、『アサヒ芸能』創刊時からの方針であり、そうであるならば、この時期になって急にその出現率が高くなったという事実は、解明すべき一つの問いになりうる。そこで「風俗」という言葉の出現している見出しを検索し、その使われ方にどのような変化があるのかを探っていった。

まず出現率の低い70年代から80年代前半にかけてであるが、この時期の見出しの一部をみると、つぎのようなものがある。

「戦後二五年　あの強烈な十大性風俗の主役たち」(1970)

「74年　風俗異変　トルコ文化崩壊必至!!　現代湯女はどこへ行く」(1974)

「ヤング女性の風俗　ホモに熱い視線をおくるOL・女子学生たちが急増！」(1977)

「珍風俗レポート　ホコテンで踊り狂う若者たちのSEXYカーニバル」(1981)

「アメリカ最新風俗　大量の少女街娼まで出現した病める大国のロリータ旋風」(1982)

「事件風俗パトロール　避妊リングまでしていた惨殺女子中学生　親が卒倒する深夜の乱行」(同年)

「最新風俗ワイド　・出張ホストクラブの人妻模様　・男のた

めの全身美容サロン」(同年)

　ここでの風俗は、「日常生活にきわめて密着した、うつろいゆく具体的な文化事象」[15]を指すものとして使われており、取りあげられるのはそのようなものとしての性の姿である。それゆえトルコ風呂や出張ホストクラブ、ストリップなどの、いわゆる性風俗産業に関連するものだけではなく、「ホモに熱い視線おくるOL・女子学生」や「ホコテンで踊り狂う若者たち」、「惨殺女子中学生」の「深夜の乱行」もまた、風俗として取りあげられる。

　さらに「戦後二五年　あの強烈な十大性風俗の主役たち」や「74年風俗異変　トルコ文化崩壊必至!!　現代湯女はどこへ行く」といった見出しをみると、必ずしも性風俗産業での性的なサービスだけを問題にしているものではないことがわかる。この見出しが訴えかけるのは、敗戦の時代を飾った「性風俗の主役たち」を通してみえてくる、25年という歳月、時代の変遷であり、またトルコ風呂を取り巻く状況が変化することで、働き口を失うことになる女性たちの姿である。この切り口は、売春防止法制定時にうちだした『アサヒ芸能』のあの編集方針を思い出させる。「売防法の実施で性の〈売買〉は潜行するだろう。そこにもろもろのドキュメントがある。それを掘り返して広く大衆に訴えることは、これは立派な問題提起ではないか」

　70年代から80年代にかけてみられる「風俗」という言葉は、その時代時代に生きる人々の生態としての風俗であり、「社会・風俗につっこんでいく」という編集方針が打ち出された『アサヒ芸能』創刊時の風俗との連続性のなかにある。そうであれば、この時期に「風俗」というカテゴリーの出現率が低いことも不思議ではない。なぜ

第6章 「点」としての性風俗、その探索

ならば、『アサヒ芸能』の見出しにあるそれが、風俗を取りあげていることはとりたてていうまでもないことだからである。

では出現率が高くなる80年代後半の見出しはどうだろうか。表6-3には「きみはどのアイデア新風俗で放出納めをするか！」(1984)、「新風俗登場　おフロの町川崎堀之内に殴り込んだ'ソープINヘルス'」(1985)といった見出しがみられる。

新風俗。

この言葉は象徴的だろう。ここに登場しているのは、いままでとは違う新しい風俗。すでにみた「ヘルス」に代表されるような「点」としての風俗のあり方なのである。新風俗は、性的にみえる言葉をネオンサインのようにチカチカと点滅させることで成り立っている。つまりセックスという行為を仲立ちとした男女の関係性、「日常生活への密着」を取り去り、そのうつろいやすさとだけ結びついたものが、この新風俗なのである。それではこの新風俗をなんと呼ぶのか。

80年代後半になって登場する表現として、まず「風俗界」あるいは「風俗業界」があげられる。ここで「風俗」という言葉と組み合わされる、「界」という言葉は、境目やしきり、政界、学界、社交界などのように、ある特定の人々によって構成される社会を意味する。「風俗」という言葉が、衣食住性といった生活全般にかかわりをもつものだとするなら、「風俗」プラス「界」は風俗にしきりを設けることで、性という世界だけとの結びつきを示す、ファンタジーの二項式を形成しようとしていると考えられる。

しかし、このファンタジーの二項式は成功しない。新風俗はそのうつろいやすさ、記号の新しさによって成り立つものである。「風俗」プラス「界」は、衣食住性という生活の諸相から性という領域を切

り出すことには成功しても、切り出した性の日常生活との結びつきまでは取り去ることはできていない。よって新風俗を表象するには、この二項式は不十分なものだったといえる。では、新風俗の表象に成功した二項式とはどのようなものか。それが1986年の見出しから出現しはじめる「フーゾク」である。

厚東洋輔（1991）によれば、日本語は三つの層からなる言葉として考えられる。すなわち「西欧の影響をうけた〈表層〉、中国文明を摂取した〈中層〉、それ以前の〈古層〉——こうした三つの層は、それぞれ、カタカナ、漢字、ひらがな、という文字の種類によって象徴的に表すことができる」という[16]。では風俗という言葉はどうか。これについて井上忠司（1995）は次のように述べている。

　風俗とはそもそも、中国では'風は上の化する（教え導いて変わらせる）ところ、俗は下の習うところ'の意であった。〔中略〕ところが、この風俗ということばがわが国に入るや、大和ことばでは、風を'てぶり'とよみ、俗を'ならわし'とよんだといわれる。漢語の風俗は、わが国の人々にとっては当初から、てぶり・ならわしの意なのであった[17]。

中国より輸入された漢字の風俗は、大和ことばの「てぶり・ならわし」と結びつくことで、人々の生活様態をあらわす「風俗」として日本語に摂取されていった。ところが「点」の性風俗は、性風俗店でのサービス、テクニックが中心であり、人々の生活様態とは切り離されている。記号の組み合わせで差異を創出し、それによって新しさを演出していく新風俗には、幾重にも積み重ねられてきた意味の地層は不要である。風俗という日常用語に分厚く沈殿したイメー

ジを払拭し、その表層性との結びつきを表象するもの。それが「カタカナ（表層性）」プラス「風俗」という二項式からうまれた「フーゾク」だったのである。

　こうして生まれたフーゾクは漢字の風俗とは違い、性産業という性的な領域のみを意味するものとして使われている。だが「フーゾク」は単に、新しい性風俗を指し示すだけではない。ここで「fu-zoku」という音に注目してみれば、風俗にもフーゾクにも違いはないことがわかる。風俗とは区別される「フーゾク」が成立するのは、カタカナという文字で表記され、なおかつ性産業と結びつくものとして広く人々に認知されるときである。カタカナであることが意味をもつということは、私たちが「フーゾク」ということばを音ではなく、視覚によって認識していることを意味している。つまり「フーゾク」とは、文字によって表記するメディアなしには、生誕しえない性風俗だといえる。そして広告や雑誌というメディアにのって「フーゾク」は、いまや風俗といえばフーゾクと考えられるほど広く浸透し、私たちの時代の性風俗となっていったのである。

―――――――― **6. 風俗からフーゾクにみるリアリティーの変容**

　フーゾクの生誕は、カタカナ＋風俗というファンタジーの二項式の妙によって成り立ったわけだが、そこにはなによりもこのフィクションにリアリティーを感知しうる、読者自身の感性が不可欠である。その意味で「風俗からフーゾク」という移行の必要不可欠な要件は、読み手のリアリティーの変容ということになろう。フーゾクという表層的で、性的でしかない性のあり方に魅力を感じる。その

感性の変容とは一体どのようなものなのか。

「線」の性風俗で核になるのは、性的にみてもよい非日常の女との間に結ばれる関係性である。彼女たちにとって男とのセックスは特別なものではありえない。にもかかわらず女は男とのセックスを通じた関係に特別な想いを抱く(とされる)。言葉を交わし、気に入った客にだけ秘蔵の品をみせ、特別料理を出す店主のように、女は商売抜きのもてなしをする。利那な非日常の時間のなかで築かれる、恋人や夫婦のような親密な関係性。男が手に入れたその品は、客の誰もが手に入れられるものではなく、客と店主の関係が成り立ってはじめて出会える品なのである。

「線」の性風俗では、性的であるはずの世界においてなお、性が特別なものとして見いだされる。それはなにより、性を特別なものとする読者の現実感による。彼らのリアリティーから離れたフィクションが、性風俗という現実を構成することなどありえないのである。

とするなら、「フーゾク」という現実の構成を可能にした、現代の読者の現実感はどんなものなのか。「線」の性風俗との比較でみるならば、それはまるでコンビニエンスストアのようなものかもしれない。客は馴染みにならずともよいし、むしろそのような関係性が必要ないことが魅力となる。自分がどのような人間であるかも、また相手がどのような人間であるのかも関係ない。欲しいのは、特別な客になるための努力をしなくても確実に手に入れられる、標準的な品とサービスである。

自身の生活圏域に踏み込まれることがなく、親密である必要のない関係性が望ましいものであるならば、性にまとわりつくエトセトラを切り捨てて、性的であるだけのセックスをコンビニ感覚で消費

第6章 「点」としての性風俗、その探索

できるというフィクションが、私たちの現実に組み込まれていくことは決して難しいことではないだろう。

風俗からフーゾクへという変化は、単に性風俗の変化にとどまらない。家族や恋人、友人、知人など、私たちが生活のなかで取り結ぶ関係性、あるいは日常性そのものの変容を語っているのではないだろうか。

注

1　KH Coderの詳細については、http:/koichi.nihon.to/psnlのほか、樋口 (2003) を参照。またKH Coderを利用した質的データの研究としては、川端・樋口 (2003)、溝井・吉川 (2004) などがある。

2　『アサヒ芸能』というメディアを手がかりとして、どのような性風俗が、いかなる形で語られているのか、すなわちある性風俗を性風俗として成り立たせる仕組みとその要素を明らかにし、それがいかなる変遷をたどっているかを明らかにしていくことを目的とする本論文では、その「実態」について立ち入ることはしていない。しかし広岡 (1978) や佐野 (1984) のような「トルコ風呂」の歴史的推移についての記録や、永井 (2002) による風俗営業法を軸に描き出される性風俗産業の変遷は、ここでの議論に重要な示唆を与えてくれている。

3　樋口 (2003: 203)。

4　景山 (2004)。

5　トルコ風呂がソープランドに改称されたのが1984年のことで、それはここでの時期区分とも一致している (永井 2002)。

6　結果としては、この時期区分は、データ量の偏りをなくすために、わざわざコーディングという手続きをふまなくとも設定されそうな時期区分と同じになった。しかし、単にデータ量を均一にするためだけの時期区分とは異なり、KT2によって得られた鳥瞰図をもとにした時期区分か

らは、各期がどのような特性によって成り立っているのかを把握し、それによって仮説的にデータと対峙することが可能になってくる。これは単純な時期区分と比較して、分析をすすめるうえで非常に大きな利点となりうる。

7 ちなみに70年代後半に高頻度で出現している「ホステス」と一緒に出現している言葉を調べてみると、「殺人」「愛人」「事件」など、性風俗記事よりも事件記事に関連があるものが抽出される。

8 永井（2002: 158）に掲載された「風俗関連営業4業種の増減」グラフからは、1982年に「店舗型ファッションヘルス」という項目が登場し、1985年までに急増、一時なだらかに減少傾向をみせたあと95年以降は85年のピーク時を越える店舗数を示して上昇していることがわかる。さらに同書には、ファッションヘルスとアダルトショップの発展と、1998年の風俗営業法の大改正ではこれら業種に対する規制が設けられたこととが論じられている。本来、性風俗とは関連のなかった「ヘルス」という言葉が、性風俗としてこれほどまでに浸透したということについては、風営法等の法的規制のなかで可能なサービスの模索・展開がその業種においてなされたことが重要なのはもちろんであるが、同時に「ヘルス」という言葉の意味転換が適切に行われる必要もあったはずである。とくに、「ヘルス」という言葉が性風俗のものとして認知される以前においては、ヘルス＝健康という私たちの認識枠組みを変更することが重要な課題となる。つまり80年代後半の「ヘルス」の見出しをみることで、ある言葉を性風俗の枠組みへと再配置する要件を明らかにすることができると考えられる。

9 ただし他の性風俗との組み合わせは、「ヘルス」を新たに性風俗として意味づけるための手法としてよりも、この時期における性風俗の語りの一つの特性と考えられる。というのも、「ヘルス」が性風俗としてすでに認識された89年にも「ソープ・ヘルス・ピンサロの快汗夢心地」「ボーナス特選ガイド　ソープ・ヘルス・ピンサロ」といった見出しがみられるし、表6-2でみた「ソープ」にも、「ヘルス」「ピンサロ」「テレクラ」といっ

第6章 「点」としての性風俗、その探索

た他の性風俗を表す言葉が高い確率で出現しているからである。ちなみに80年代前半に特徴的な言葉として出現していた「トルコ」と関連の強い言葉としては、「嬢／ギャル／美人」といった女性を表す言葉、「プレイ／ファック／SEX／FUCK」といった性行為に関係する言葉、「吉原／東西」という場所に関係する言葉が出現しているが、他の性風俗（産業）を表す言葉はみられない。つまり80年代後半の性風俗の語りは、他の性風俗（産業）と並列されることに特徴があり、それは「トルコ」のような時代を代表する性風俗が、この時期には見られなくなったことのあらわれだとも考えられる。

10　80年代において口や舌、指といった身体部位が頻繁に登場する背景には、トルコ風呂以外で性交をサービスとすることが難しかったことや新風営法、エイズなどによる性風俗産業の変化などが関わってくるだろう。しかしこうした実態レベルの変化についてはここでは立ち入らない。

11　ここでセックスとは、性器の挿入を前提とした性交だけでなく、広く性的な行為といった意味で用いている（これ以降の議論でも同様）。特にここの見出しに見られるような、「口」「舌」「指」といった言葉は、いわゆる「本番」といわれる行為ではなく、射精を目的とした性的サービスの表現のために使われている。本章で取り上げる、ことばの時系列的変化の社会的要因については、データの制約および、先入観による安易な因果関係の設定を避けるため言及していない。ただ80年代後半からの射精産業の隆盛について、エイズの影響はやはり大きかったと考えざるを得ない。1999年7月26日に行ったインタビューでは、長綱氏・堀口氏と次のようなやりとりが行われた。

　　Q:『アサ芸』にとってインパクトのあった出来事にはどんなものがありましたか。
　　N: 10年くらい前かな、エイズ騒ぎがあったけど、神戸で初めて死者が出て…。うちでもソープとかの記事を書いていたからどうしよう

かと。

H: ご存知でしょうけど、うちの記者が風俗店に行って体験記事を書いてくるというのがある。「行って来い」という方も、もしも…と思ったらすごく心配だった。だからコンドームは必ずつけろとか、言いました。

N: 記事の方でも、読者の方にコンドームを付けるように必ず記事の中で言うとか、結構、気をつかいました。でも読者の方が怖がっているから、一時期は（風俗店の紹介記事を）書かなくなったり、控えたりしましたよ。吉原なんかもあの頃は、客がグッと減って大変だった。週一回（性病の）検診を受けていますとか、コンドームを付けていますと、宣伝してもダメだった。その頃からAVとかいわゆる射精産業というのが増えてきた。そういうのなら安全だから、ソープ以外の産業が、グッと増えるのって、やっぱりエイズ騒動以後じゃないかな。

12 「点」の性風俗が魅惑的ならば、女性が地元の人間であるかどうかも当然、問題ではなくなっていく。

13 この点に関して、井口氏はインタビューのなかで象徴的なエピソードを語ってくれていた。彼は第4章でみた「韓国エステ」を最後に『アサヒ芸能』をやめたが、その前に担当したのが、吉原ソープ街での取材だった。井口氏はこのときの取材について次のように語っている。

「（『アサヒ芸能』を）やめる前、韓国エステの前は、吉原のバスト100cm以上の巨乳のソープ嬢っていう（取材をしました）。全員そうだから、もう圧倒されて、もうダメなんですよね。いや、もうあまりにも大きすぎて。話だけ聞いて、写真撮って、それも正面からじゃなくて、横側から……」（2000年6月21日）。

性風俗の記事で「情緒」が大切だと語っていた井口氏も、1990年代に

第6章 「点」としての性風俗、その探索

は、情緒ではなく「巨乳」といった身体的部位に焦点をあてた性風俗記事を書くことになる。

14 これらの言葉が「口」「指」「舌」といった身体の「部分」に焦点化して成り立っていることもまた象徴的であろう。
15 井上忠司 (1995: 2-3)。
16 厚東 (1991: 32)。
17 井上忠司 (1995: 2-3)。

第7章
週刊誌『アサヒ芸能』という風俗

　1956年の創刊から1990年代までの『アサヒ芸能』の分析を通じて、『アサヒ芸能』を牽引してきた要素がみえてきた。売春防止法の理念と「二流」としてのスタンスである。『アサヒ芸能』の性風俗の原風景となっていた赤線的世界は、売春防止法を支えた理念——民主主義や女性の基本的人権、個人の自由——の否定ではなく、咀嚼のプロセスにおいて紡がれたものである。ゆえに女性に対する奴隷的拘束や性的関係の強要は唾棄され、男女の対等な「大人の関係」が重視される。この「大人の関係」を方向づけるのが、二流というスタンスであった。「基本的人権」や「男女の平等」といった売春防止法の理念によってではなく、「性＝生」を通じた人間模様として男と女の関係を捉えていく。「一流」の語彙によってしか語られていなかった売春防止法という性をめぐる制度を、「二流」の市井の言葉によって語ること。これによって廃刊寸前だった弱小雑誌は、半世紀以上もの生命力をもった『アサヒ芸能』へと再生された。

　では『アサヒ芸能』を再生させた力を持続・発展させていったものはなんだったのか。それが「赤線に通うような人」（第2章）や、「出張マン」（第4章）という読者層であった。家庭をもち、職場でも責任ある仕事を任される壮年期のサラリーマン。『アサヒ芸能』は彼らの想像力を刺激する性的ファンタジーの語り手となり、読者は性的フ

ァンタジーから性風俗というリアリティーを創造していく培地となった。こうした両者の関係が最も安定的であったのが、第5章で分析した長期連載においてであった。

　売春防止法や赤線を風俗として捉えることを編集の柱とした『アサヒ芸能』は、公的制度の是非としてではなく、私的な生活世界での営みとして赤線(的世界)を語っていった。ゆえにそこにはまるで透かし絵のように、読者層となった人々の、性をめぐる価値観、行動規範、行動様式といったものが刷り込まれている。男女の性欲のあり方、婚前交渉やセックスが男女にもつ意味、結婚、家族といった制度のなかで夫婦が果たす役割、あるべき家庭像といった諸々によって用意される日常生活を〈地〉としたところに、『アサヒ芸能』の描く性風俗という〈図〉は紡がれていた(第5章)。

　最終章となる本章では、これまで見てきた性風俗という〈図〉と表裏一体をなしていた、家庭(家族)世界という〈地〉[1]とのつながりとその変遷を概観していく。そうすることで、『アサヒ芸能』というメディア、あるいはそれが語る性風俗の「培地」となった読者層の世界を透かし見ていこう。

──────────── 1. 身体化された性、民主化される性

　『アサヒ芸能』の性風俗は、赤線と対になった家族世界を生きていた人々を読者層に紡がれたものである。それゆえまずは、家族／公娼(赤線)という二つを一つに身体化された性的世界を描出したい。『アサヒ芸能』の読者にとって、公娼制度あるいは赤線とは一体どのような性だったのか。そしてそのような性と対となっていた〈家

族〉は、どのような性的空間として存在していたのか。売春防止法以後、『アサヒ芸能』が読者のために語り直していった、性的世界の出発点を素描しよう。

　赤線は敗戦後の「民主化」という一つの大きなベクトルのなかで生み出され[2]、その同じ力によって廃止された時代のあだ花であった。赤線廃止を求めた売春防止法の国会提案理由は次のように説明されていた。

　　もっとも遺憾に堪えないことは、日本国憲法が侵すべからざる基本的人権の存在を確認し、個人の自由と尊厳とを明らかにし、その奴隷的拘束を除去すべきことを宣言しているにもかかわらず、売春に関連して、これに反する事態のますます増加の傾向にあることであります[3]。

　デモクラシーの理想に連なる「基本的人権」や「個人の自由と尊厳」は、時代のキーワードとして、売春防止法制定の原動力となる。女性の人権や自由の尊重といった「性の民主化」それ自体に異議申し立てをすることは、もはや時代錯誤のそしりを免れなくなる[4]。戦前より自明のこととして営まれてきた一つの性のあり様が、民主主義という思想のもとに再編されていく。

　だがこのような「性の民主化」は、売春防止法において初めて遂行されたものではない。その最初の一撃は、むしろ公娼制度と対になったもう一つの性をめぐる制度である「イエ制度」において実行された。戦前の国体の基盤でもあったイエ制度。その民主化はより積極的にそして早急に進められていった。では家庭（家族）という領域における民主化は、どのような男女関係を生み出し、イエ制度下

のそれからどのように変異していったのか。この問いに答えるために、まずはイエ制度のもとで前提とされていた男女関係についてみていこう。

　家庭(家族)という領域において、男女の性的な関係は「夫婦」によって営まれるが、戦前「親子の関係を基礎とする家制度にあっては、夫婦の関係は二義的な意味」[5]しかもちえなかった。結婚とはなによりもイエを存続させる子孫をもうけることであり、「妻は夫と結婚するのではなく、夫の家に嫁入りする」[6]のだと考えられた。妻に容認された性は、子を産み、育てる「母」という性だけであり、一個の女として、夫に狂おしいほどの情欲や性の快楽を求めることは許されてはいなかった。もちろんイエ制度のもとでも、夫婦のあいだに性愛的要素が皆無だったということはないだろう。しかし、やはりそれは夫婦の正統なあり方とはなりえなかった。戦前の『家庭教育指導叢書』は、夫婦についてつぎのように述べている。

　　男女の別は本生命発現の方法として出現せるもので、其間に生ずる愛情は生殖能力と消長するのが常である。其結局は親子を生ずるにある。謂はば親子は目的で男女は手段である[7]。〔傍点筆者〕

　夫婦の性の営みは「子」を生ずるための手段であって、それ以上のものとはなりえない。生殖という目的のために結ばれた夫婦は、子をもうけてのちには父母という関係性に留め置かれ、男と女の性愛的関係性が家庭内に現れることは忌避される。夫婦は生殖のための性的交渉をもつことで、逆説的に男と女の性的世界から隔離されていく。親子を第一義的な関係とするイエ制度のもとで、夫婦の性は不可視化され、日々の生活から排除される。

第7章　週刊誌『アサヒ芸能』という風俗

　しかし目的的な生殖に囲い込まれるほど性の欲動は従順でも、制度適合的なものでもない。イエという制度のほころびを衝き、親子／男女の序列の人為性をあらわにするエネルギーがそこにはある。国家秩序の基盤であるイエ制度を守り、維持するためには、性の無定形で自己目的的なエネルギーをイエの外において呑みこみ、処理する制度が必要となる。それが公娼制度であり、郭とよばれる場所であった。

　欲情に溺れ、快楽を貪り、ただただ男と女であることに没入する。郭のなかの女に求められるのは刹那の性であり、性への耽溺である。男たちはそこで「イエ」の存続という枷にはめられた性から解放され、妻でも母でもない「女」に、自らの「男」性を奔出し、排泄する。その赤裸々なまでに男と女である世界において、「子」は存在しない。郭の女はそこに生きる限り性的な「女」でなければならず、「母」という性を生きることは許されない。「子」の不在は、男女の性的没交渉のためではなく、それこそが郭が男と女の世界であることの証となる。

　しかし「子」の存在／非在が、家族＝非性的／郭＝性的という意味の配置や、母（妻）／娼婦という女の配置に対応していた性の秩序は、敗戦を契機に、根本的な転換を余儀なくされる。戦後日本の国家体制の基礎となるべく持ち込まれた民主主義は、個人の自由と平等、基本的人権の尊重を基本理念とし、イエ制度の根幹となる男女／夫婦／親子の主従的関係を破棄させる。それをもっともよく象徴したのが憲法24条だった。

　「婚姻は、両性の合意のみに基いて成立し、夫婦が同等の権利を有することを基本」とし、「法律は、個人の尊厳と両性の本質的平等に立脚して、制定されなければならない」という憲法24条の規定は、

結婚が互いの愛情と対等な関係に基づくものであるという恋愛結婚の理念を(自明な)前提としている。それは「子が勝手に自分の好きな人と結婚することは、不幸・不道徳な行いであり、恋愛はみだりがましいもの」[8]だとする、それまでの結婚観を根底から覆すものであった。夫婦は子をもうけるための手段ではなくなり、子は結婚の目的ではなく、愛し合った男女の営みの結果となる。このとき家族は非性的な「親子」を核とする関係の集合体から、恋愛という感情によって結ばれた「夫婦」という性的な男女を中心とした集団として位置づけなおされる。戸主への権力の集中、男子の優先、夫権に従属する無能者としての妻の地位などは悪しき家族のあり方として批判され、愛情に満ちた対等な夫婦関係を基盤とする家族こそが、民主主義的な理想の家族のあり方だと語られる。

しかし考えてみればすぐわかるように、私たちは家族を「人為的な」制度としてのみ生きてはいない。それはむしろ日常の「自然な」関係性の束として、ア・プリオリに在るものとして経験されている。そこに家族の民主化、あるいは性の民主化の難しさがあった。磯野誠一・磯野富士子は、次のように指摘する。

> 敗戦を契機とする日本の民主化において、政治的な諸制度の変革を「お上」のこととして深い関心や批判をもたずに受けとった人々でも、自分たちの生活に直接ひびく家族制度の廃止については、無関心でいられなかった。政治制度の変革を積極的に支持する人々でさえも、永年ならされてきた生活様式や生活感情から脱皮するには、よほどの努力を要するのであるから、従来の家族のあり方を最も自然なものと感じていた人々にとって、従来の家族制度の廃止が、家族生活そのものの否定と解されたのも、むしろ

第7章　週刊誌『アサヒ芸能』という風俗

当然の現象といってよかろう[9]。

　民主主義がどんなに理想的なものとして唱えられても、それは外部からもちこまれた、生活に根ざさない制度であり、思想である。またたとえどんなに悪制だったと非難されても、イエ制度は公的な制度であると同時に、性の営みをも含む身体に根ざした生活様式であり、生活感情でもあった。イエ制度の解体、憲法24条の制定といった性の民主化は、男と女に「現在(いま)」の自分の性を、捨て去るべき「過去」として生きることを迫るものでもあった。戦後の性の民主化は、こうした新旧二つの性に引き裂かれた身体をもつことから始まる。

　売春防止法はこの亀裂を決定的なものとし、「過去」の性への訣別を宣言させるものとなる。このとき二つの性に最も深く引き裂かれ、その再編を強く要請されたのが、〈公娼／イエ〉という二つの性を行き来していた人々。すなわち『アサヒ芸能』が読者層とした「赤線に通うような男たち」だったのである。ではそれは、どのような意味においてなのか。

2.　すれちがう二つの知

　『アサヒ芸能』の読者層となったのは、すでにみたとおり、壮年のサラリーマン層である[10]。敗戦のときに、10代から20代前半だった彼らは、「イエ」のためではない、当事者同士の「恋愛」による結婚を許された最初の世代でもある[11]。また都市的な生活様式、人間関係のなかで、当時としては比較的学歴の高い、ホワイトカラー層[12]

に属する彼らは、旧来の因習から離れ、民主的な価値観と比較的遠くない距離にあった人々でもある。彼らは恋愛結婚をし、団地のような新しい住宅で、平等な夫婦関係・民主的な親子関係を作ろうとした。しかし、それは見えない軋みを抱えることでもあった。

　欧米で、「家庭をつくるための……唯一の正当な基礎」[13]とされる恋愛結婚は、数百年という時間をかけて成立した歴史的・文化的な制度である。恋愛＝性関係は結婚へと至る重要なプロセスであるだけではなく、家庭内での夫婦関係を継続させるための不可欠の要素となっている。恋愛結婚を端緒とする家族は、イエ制度がそうであったのと同じように、彼らにとっての生活様式であり、生活感情となっていた。

　ところが日本の場合はそうではない。恋愛結婚は、身体に刻み込まれた生活様式／生活感情とは切り離されて、民主的家族を作るための枠組みとして導入された。そこに理念と身体の乖離がある[14]。その乖離は、家庭内における夫婦＝性関係において最も大きくなる。

　民主的家族の実践者たる『アサヒ芸能』の読者層にとって、彼らが幼少期から思春期、青年期を過ごした家族は、あくまでも非性的「親（父母）―子」を中心とした集団であり、その集団内で、性的な「夫婦」が顕在化することはなかった。民主的な「夫―妻」関係、「父母―子」関係であれば、イエ制度との差異で模索できても、「夫婦―子」関係にはモデルがない。恋愛結婚によって誕生した家族において、夫婦間での恋愛＝性関係の継続は不可欠な要素であるにもかかわらず、家族内で、「夫婦」が「子」にどう振るまえばよいかは、まったくの未知なる領域になる。ゆえに「民主的な」家族の空白部分は、彼らにとって最も「自然な」家族のあり方によって埋められ、実践されていくことになる。つまり、夫婦となる男女の恋愛＝性関係を、

第7章　週刊誌『アサヒ芸能』という風俗

民主的家族の出発点としながら、子が生まれたのちには、夫婦間の性愛的要素は後景へと退き、非性的な「父母―子」関係を中核に家族が編成されることになる。結果、男は「母」となった「妻」に対して、恋愛時期や新婚時期のような「女」を求めなくなっていく。それは、妻への恋愛感情が失われたからではない。「母=妻」と、恋愛=性関係をどう取り結べばよいかが分からないからである。

　恋愛結婚による家族は誕生しても、夫婦の性愛的要素は、依然として家庭内に居場所を見いだせない。恋愛結婚という制度内で、非性的家族を継続させていく男たちにとって、赤線は圧倒的に変わりゆく現実と、自分たちの身体に刻み込まれた環境図式[15]とのあいだのズレを調整してくれる緩衝地帯としての役割を果たしていた。だが、この新旧二つの性の奇妙な共存関係は、売春防止法によって破られる。

　〈赤線(性欲)／夫婦(生殖)〉という二つで一つの性以外を生きたことのなかった男たちが、赤線のない世界へと放り出される。婚前交渉でさえ眉をひそめられていた時代、赤線がなくなれば、性愛的要素は、夫婦という家庭内の男女関係にしか行き場を見いだせなくなる。もはや結婚しない限り、性交渉はできないかもしれない[16]。また結婚したとしても、自らの生活感情に逆らって、「母=妻」に「女」を求めるほかないかもしれない。だからといって赤線消滅とともに即座に、夫婦の性的関係性と、父母の非性的役割を、一つ家庭内で矛盾なく共存させる日常実践が生まれてくるはずもない。今まで世界と自分をつないでいた「ことば」では、この新たな世界の秩序をとらえ、意味づけるには不十分である。激変する環境と、旧秩序を保持した身体とのズレを埋めていく「物語」が必要である。『アサヒ芸能』は、そんな時代の要請に応えたメディアの一つとなる。

3. 恋愛の風俗化

　では以上のような、『アサヒ芸能』の読者層となった男たちの家族観、性的世界、欲望のあり方から、『アサヒ芸能』の性風俗を読み返してみよう。

　売春防止法の制定から60年代にかけての物語は、赤線ではないが「赤線的」要素を基調にした世界を描き出していた。第5章の「すぐに効いちゃうコンビナートの女・四日市市」(1965年10月17日号) に登場していたのは、まさに赤線のようでありながら、赤線としては描かれない世界の女との一夜であった。女は男の前で陽気に笑い、自分からクスリを飲んで布団に寝転がる。男との気安い会話からは、売春防止法の理念が糾弾する奴隷的拘束状態も、個人の自由や人権の侵害も見出せない。男と女が出会う仕掛けは、赤線時代を彷彿とさせるが、彼らの関係が配置される文脈は売春防止法が謳う理念と齟齬のないものにされている。

　だが同時に、いくら男と女の対等な関係や陽気な様子が描かれたとしても、赤線的世界を舞台にしては、底流にある「生きていくための売春」という物語を消し去ることはできない[17]。男と女との関係は、自由意思による対等なもののようにみえるが、それを商売に生活している彼女に、「男と寝ない」という選択肢はほとんどありえない。その意味で、自由意思は括弧つきのものとならざるをえない。時代が要請する理念と、性愛的要素を〈赤線＝性欲／家族＝生殖〉のいずれかの領域でしか位置づけられない人々の身体知を、いかに辻褄のあうものにしていくか。『アサヒ芸能』は、その語りを模索し続ける。そうして見つけ出した一つの解が、70年代の性風俗のキーワードとなる「レンアイ」である。

第7章　週刊誌『アサヒ芸能』という風俗

「奥武蔵に乱れ咲く'お座敷ホステス'」（1970年5月7日号）で、私たちは次のような台詞を目にした。「レンアイ？　それは好きになればさせてくれるわよ。でも淫売婦じゃあないのよ」。ここでレンアイは、体験者が求める「アレ＝セックス」を変換した語彙として使われていた。レンアイという仕掛けが用意されることで、女が男と寝る理由は――実際にはどうかはともかく――、お金よりも女の自由意思へとうつり、この記事の「売春」を、売春とは異なる関係へと変換させている。男と女の性的世界は、赤線時代と同じようでありながら、その色彩は明らかに変化している。そして「レンアイ」によって、さらに新たな男と女の語りが用意される。

「空閨にもだえた女との行きずりの恋」（1971年8月5日号）で、「クミちゃん」は、一夜限りの相手にすぎない体験者にかいがいしく世話を焼く。別れの時に、体験者から「車代にでも」と五千円札を差し出されると、「なんども押しかえし」、決して受け取ろうとはしなかった。仮に四日市市の「太った女」が、「クミちゃん」のようにお金を受け取らない場面が描かれていたとしたら、それは読者のリアリティーとの不協和を生み出したことだろう――結婚しているわけでもなく、お金も支払われないのに、一夜限りの男と肌をあわせる女なんているはずがない――。ところが71年の物語では、そのような不協和音は生まれない。結婚相手でもない男性とセックスをしたからといって、彼女が「淫売婦」になることはない。それまでとは明らかに異なるリアリティーを基盤に、この物語は成立している。女が男と肌を重ねる理由は、もはやお金にも結婚にも縛られない。空閨にもだえ、伴侶を求めるごとく、「クミちゃん」は体験者との一夜の恋に身を焦がす。「愛している」「好きだから」は、女が男に身体をひらくのに十分すぎる理由となった。

70年代前半に登場するこのような物語は、恋愛が、結婚＝性関係の前提条件として市民権を獲得しただけでなく、「愛し合っていれば性的関係を結んでもよい」という「性交渉へのライセンス」[18]としての側面をあらわにしていった時期と符合する[19]。赤線的世界を舞台とした性風俗は姿を消し、代わりに、赤線の不在を自明とする「環境＝身体」が織りなす、「レンアイ」という男女の一夜限りの恋が、性風俗として語られるようになる。

　「恋愛」は、恋愛結婚という性の民主化のために持ち込まれた、外的制度としての枠を越え、男と女の日常の生活様式／生活感情を構成する不可欠な要素として定着していった。ただし『アサヒ芸能』が性風俗として語った「レンアイ」は、恋愛結婚発祥の地である、欧米の「恋愛」とは異なっている。それは夫婦における恋愛＝性関係を不可視化する非性的家族を基盤に展開され、「赤線」に代わって、婚外交渉を可能にする意味世界を用意した。ここに成立する物語では、女たちは性的関係のために、いかなる強制や拘束もうけない。彼女たちは自身の自由な意志によって、好きだから男と肌を重ねる。男との一夜を過ごすのに、愛以外の理由はいらない。女は、二人が愛し合ったという一瞬を求めるのであって、男と恋人になることや、結婚することを望んでいるわけではない。彼女たちは、旧来の性に囚われない、新たな「民主的な」性を生きている。そしてそんな女と対になる男は、（結婚という枠で）一人の女に束縛されない、自由な性的関係を手に入れる。

　60年代から70年代の『アサヒ芸能』の長期連載は、体験記という形式をとることで、女たちの自由が、男たちの性的自由を担保するという魅惑的な虚構（フィクション）を、まるで現実のものであるかのように読者に経験させた。当時の読者層の生活実感と乖離してい

第7章 週刊誌『アサヒ芸能』という風俗

た「恋愛」や「売春防止法」の理念は、彼らの日常の語彙で語られることで、たしかなリアリティーを獲得していった。民主的な家庭のなかで、良き夫・良き父でありつづける男たちが、自分たちの日常にも「起こりうるかもしれない」という期待を抱かせるに十分なリアリティーを……。

売春防止法を支えた理念の具体化と、男たちの妄想の具象化。

『アサヒ芸能』はこの二つを、一つの物語として融合させた。男女の平等や個人の自由、基本的人権といった近代的理念を内包した「恋愛」を、『アサヒ芸能』は、読者層の世界のなかで／にあわせて、「自己の肉体を通して消化しうるよう」[20]アレンジし、翻訳していった。厚東洋輔(2006)の議論を援用するなら、『アサヒ芸能』は、戦後、性的領域に持ち込まれた恋愛＝結婚や、男女の平等、女性の人権といった「モダニティを……『風』というオーラを帯びた魅力的な形で提示」[21]し、風俗化させたということになるだろうか。さらに言うならば、『アサヒ芸能』は、読者層にとって魅惑的な性風俗を提示しただけでなく、『アサヒ芸能』というメディアそのものが、戦後における魅惑的な「風俗」となっていたのである。

そして、風俗とはうつろいゆくもの。

『アサヒ芸能』にオーラを帯びさせた、戦後という時代の「風」はやんだ。現代の私たちが生きる世界には、新たな「風」が吹いている。その「風」は、『アサヒ芸能』が追ってきた「風」とは異なる。新たな風俗にオーラを帯びさせるには、また別の語りが必要となるだろう。

風俗の死と再生のあゆみ。『アサヒ芸能』というメディアは、戦後の歩みのなかに一つの大きな足跡を残したのである。

注

1　『アサヒ芸能』の性風俗では、家庭（家族）世界が非常に重要である。元編集長の堀口氏は筆者とのインタビューで次のように語った。「(14、5歳の女の子とのセックスをする記事を書くことは)娘をもっている人間が読んだら、どう思うかってことを考えたらできない」。家族をめぐる性規範が、『アサヒ芸能』が何を性風俗としてみなしてよいか／語ってよいか、という基準を大きく規定している。

2　敗戦まもない1946年1月、連合軍は日本政府に対して「公娼制度廃止に関する覚書」を手交する。「日本の公娼存続はデモクラシーの理想に違背する」という理由で、明治以来、日本の公娼制度の基盤となっていた「娼妓取締規則」といった諸法律が廃止される。しかし同年11月には「特殊飲食店街」という名称で集娼区が指定され、ここでの売春が認可される。これがいわゆる赤線であり、民主化というベクトルのなかで赤線が生まれたというのは、このような理由による。

　ではなぜ「デモクラシーの理想に違背する」という理由で廃止された公娼制度が、1年も経たないうちに事実上の復活を遂げることができたのか。それについて山本俊一はつぎのように説明している。「もともと公娼制度廃止に関する連合軍覚書の精神は、売春行為そのものはやむをえないものとして容認し、ただ売春に関する搾取を取り締まることであったため、公娼廃止後の当局の措置には、公娼を否定する一方で特飲街の存在を否定し切れない占領下の特殊事情と、当時の社会的矛盾がみられ、その結果、旧来の公娼が集団私娼化し、あるいは散娼に転化し、さらに街娼発生の重要な一因となった」〔傍点筆者〕と（山本俊一　1994: 124）。

3　山本俊一（1994: 129）。

4　売春防止法制定に向けての世論が高まってきたとき、法案の反対理由のキーワードとなったのも「人権」であった。当時の反対派の理由について千田夏光がつぎのように紹介している。「この法案が成立すると常に人権じゅうりんの問題がともなう。【…】風紀の紊乱を防ぎ婦女の基本的人権を擁護し健全な社会秩序の維持に寄与するため、【…】法案の趣旨

第7章　週刊誌『アサヒ芸能』という風俗

には反対しないが、【…】対応をきっちり盛り込んだ法案でないから賛成できない」。〔傍点筆者〕(千田 1994: 104-105)
5　磯野誠一・磯野富士子 (1958: 99)。
6　磯野・磯野 (1958: 102)。
7　磯野・磯野 (1958: 103)。
8　磯野・磯野 (1958: 100)。
9　磯野・磯野 (1958: 125)。
10　週刊誌研究会編 (1958) は、当時の週刊誌ブームを分析し、その読者層の特徴を次の3点に要約している。すなわち、1) 忙しくてふだんよみものに接することのできない人たち (主にサラリーマンを中心とした勤労者)、2) 青・壮年層 (働きざかり) 中心、3) 都会読者中心。これらの特徴は、週刊誌『アサヒ芸能』の読者層と重なるものである。
11　実際、「イエ」制度を象徴する親同士が決めた見合い婚は、戦前に約7割を占めていたにもかかわらず、戦後は一貫して減少し、1950年代後半には、約5割程度に落ち込んでいる。その一方で、戦前「みだりがましい」とされ、1割程度にすぎなかった恋愛結婚は、戦後増加し、同じ1950年代後半頃には、約4割まで急増している。
12　1955年の就職者総数のうち、大卒者が占める割合は1割程度であるが、ホワイトカラー関係職業の3割弱は大卒者、5割弱が高卒者によって占められている。(労働省『昭和41年　労働経済の分析』1966年発行 http://wwwhakusyo.mhlw.go.jp/wpdocs/hpaa196701/body.html より)
13　井上俊 (1973: 179)。
14　この経験を表現するのに、大塚久雄の「ロビンソン的人間類型論」を引用するのは突飛だろうか。大塚は、イギリス資本主義体制が世界各国へと広がっていくとき、後発国となった国々で、イギリスとは異なる資本主義の形がとられた理由について、次のように述べている。「人間類型論的に言えば、こうだろうと思います。イギリスとは違って、ロビンソン的人間類型がほとんど、あるいは、まったく存在しないままで、そ

の達成の実績を見せつけられ、た̇だ̇外̇的̇・社̇会̇的̇な̇仕̇組̇み̇だ̇け̇が̇移̇植̇さ̇れ̇た̇か̇ら̇な̇の̇で̇す̇。人̇間̇類̇型̇的̇ホ̇ン̇ネ̇と̇体̇制̇上̇の̇タ̇テ̇マ̇エ̇と̇が̇ギ̇ク̇シ̇ャ̇ク̇と̇軋̇み̇合̇う̇響̇き̇は̇、皆̇さ̇ん̇の̇耳̇に̇も̇気̇を̇つ̇け̇れ̇ば̇い̇ま̇で̇も̇よ̇く̇聞̇こ̇え̇て̇く̇る̇は̇ず̇で̇す̇」。〔傍点筆者〕(大塚 1977: 64)

15 「身体の環境図式」という議論は富永(1996)に示唆を得たものである。

16 ここで筆者が聴いたエピソードを一つ紹介しよう。売春防止法制定の年に14歳の思春期をむかえたある男性(1942年生)は、赤線の灯が消える日、川向こうにある遊郭を眺めて、「これで自分は結婚まで童貞か、と思った」と筆者に語った。〈赤線／夫婦〉という二つで一つの世界を生きていた彼にとって、この二つ以外に性交渉の可能な領域など、「常識」として存在していなかったのだろう。

17 この飲み屋の女が、現在のような「留学のため」や「お小遣いのため」という理由で身を売っていると想像することができるだろうか。タクシー運転手に連れられてきた男とすぐに、敷きっぱなしの「汚い布団」で寝る彼女に、私たちが読み取る物語(「事実」ではなく)は、貧困や生活の必要といった「やむにやまれぬ事情」ではないか。

18 井上俊(1973: 154)。

19 今では死語となった感のつよい「婚前交渉」について1973年に実施された意識調査は、結婚とセックスの結びつきについて次のような結果を示している。「男性のばあいは……三五歳以上では、過半数が結婚式を前提としているが、十代、二十代ではこの考え方は二〇％前後にすぎず、とくに二十代前半ではわずか一割となっている。一方二十代前半、および十代後半では、性的な関係と結婚とを切離して考える者が過半数を占めるに至っている」(見田　1984: 193)。1973年に35歳以上ということは、赤線が廃止された時点では20歳前後で、その思春期は赤線があった世界において過ごされた世代である。一方の婚前交渉を是とする20代は、赤線廃止時にはまだ幼少期にあり、彼らは赤線のない世界を自明なものとしてその思春期を過ごした最初の世代ともいえる。セックスは

第7章　週刊誌『アサヒ芸能』という風俗

赤線という世界にではなく、「愛があれば許されるもの」という恋愛の世界に存在しているのである。赤線後／赤線前という世代の差が、このような性意識の差として現れているとは考えられないだろうか。

20　厚東 (2006: 174)。
21　厚東 (2006: 174)。

補論
質的データの量的分析
——『アサヒ芸能』編集者へのインタビューをデータとして——[1]

　本書では、売春防止法以後の性風俗がいかなる変遷を遂げてきたのかという問いに答えるために、『アサヒ芸能』の編集者へのインタビュー、草創期から1990年代までの記事および1970年から1989年までの全目次をデータとして取り上げていた。当然、その量は膨大なものとなり、全体のトレンドを把握することは非常に困難な作業となった。また複数の編集者に対して行ったインタビューから分析の枠組みを抽出することも決して容易な作業ではなかった。

　大量のデータから、いかにして全体を見通す枠組みを作成するか。この課題に取り組むために採用したのが、KT2システムと呼ばれるコンピュータ・コーディング・プログラムである。長文のテキストデータから分析の基本要素となるコードを抽出するために開発されたこのプログラムが、インタビューや目次などのテキストデータの分析に際して、いかなる有効性をもっているのか。ここでは、筆者が実際にKT2によって行ったコーディング作業を示しながら、その特性と利点とを明らかにしていく。

1. 質的データの豊かさと困難

『アサヒ芸能』編集者へのインタビューを開始したのは1999年7月のことだった。ただし、当初から『アサヒ芸能』への継続的な調査を計画していたわけではなかった。売春防止法を契機に再編されることとなった「戦後の性」をテーマとしていた筆者が、東京を訪れた主な目的は、吉原でのフィールドワークにあった。草創期より、売春防止法のインパクトを編集の柱にすえていた『アサヒ芸能』を、筆者は当時の生活を垣間見るための一資料として位置づけていた。

しかし、編集者との出会いが、『アサヒ芸能』との関わり方を変える。1999年10月26日、元編集長の長綱氏(故人)、『アサヒ芸能新聞』時代からの編集者であった布留川貞夫氏、1966年入社で『アサヒ芸能』のデスクも務めた小鷹氏(故人)、インタビュー当時の編集長であった堀口氏の4名を交えてのインタビューで、堀口氏は次のように語った。

うちが一番気を付けないといけないことは、(誤字脱字など)細かい、つまんないこと。これを間違うと、ホントに「なんだ、お前のところは三流じゃないか」と、言われかねないんですよ。だから大日本(印刷)なんかにも、そういう間違いがあるときに、必要以上に強く言うのは、こういうことを積み重ねて、ミスのない週刊誌を何年も続けることによって、読者に訴えられるものじゃないですか。ホントに地道な努力が必要じゃないですか。一つの言葉の間違い、一つの句読点の間違いでも、誤字脱字があったりすると、それも雑誌の信用で。『アサヒ芸能』を高みにもって行くんだったら、そっから始めないとダメだと思うんですよね。やっぱ

り雑誌の質っていうのは……。

　性風俗を編集の柱にすえる『アサヒ芸能』は、決して一流の雑誌と見られることはない。『アサヒ芸能』も、自らを二流に徹する雑誌として作り上げてきた。だが雑誌の取り上げる内容が軟派な二流でも、言葉や文章は二流であってはならない。「一つの言葉の間違い、一つの句読点の間違い」でもなくしていく地道な努力を怠れば、あっという間に、ただのいい加減な雑誌になってしまう。言葉、文章への強いこだわりは、堀口氏だけでなく、ほかの編集者にも共有されるものだった[2]。この真面目さが、『アサヒ芸能』の柱である「性」について語られたとき、研究の方向性は大きく変わった。

　インタビュー当時、『アサヒ芸能』には毎週各地の性風俗店とそこで働く女性を紹介する「スケベ亀が行く」という人気漫画が連載されていた。長綱氏と堀口氏は、この週（1999年11月4日号）に取り上げたSM店で、女性を緊縛したカットが多すぎたことを話し合い始めた。（N：長綱氏、H：堀口氏、Q：筆者）

N：あれ（ロープで縛られた女性のイラストについて）はさあ、ワンカットでいいよ。あれはまずいよ。
H：ほんともう、直しようがなくて。あれはもう絶対やだから。SM的なものはね、やりたくないですよね。
N：いやホント、やめた方がいいですよね、長い目で見て。そりゃ、うんとこう流れればいいんだけどね、社会が。まだ、あれがどこに行き着くかっていうところがね（わからない）。
H：それ思ったでしょ。あれ見たときに、緊縛のSMの体のところに全部、言葉をいれて、それでいくらかでも薄めようと思っ

てやったんですけどね。もう間に合わない、漫画だから。
N：でも、それ考えなきゃ。間に合わないじゃ、まずいんだよね。
H：そりゃ、もちろん、俺が悪いんだけども。
N：僕はね、(緊縛のイラストは)これ一点でもう十分なの。そう感じるだろ。これだけ出てくるとね、ちょっと違うな、っていうね。
Q：これは依頼なんですか。
H：連載はほとんど依頼ですよ。依頼だけれども、そこにデスクが加わり、担当の編集者が加わっていくから、うちのもんになるわけですよ。フィルターを通すから。フィルターを通すように、うちの網の目はこうだよ、ってことを、デスクに個別に伝えるわけですよ。ところが、そこんところに洩れがあるわけですよね、洩れがあってはいかんのだけども、洩れがある。そうすっと、ホントにこちらの方としては、慌てふためくんだけども…。だったら最初の努力をどうするかっていうことをやるんだけども、もうこれでしかできないんですよ。ただ、そういうことが、次にはないようにせざるを得ない。せざるを得ないというより、しなきゃいけないっていうことでね。僕も方針は伝えてあるわけだから、それはやんないでくれって。こういう形のものは実際、やんないでくれということを、言ってるにもかかわらず、やってくるから、それはやめましょ、ということで。さらにお願いするわけですよね。

こうして文章で読んでみれば、SM店についての漫画に、女性の緊縛シーンがどれだけ登場しているかを、なぜこれほど真剣に話し合っているのかは不思議な光景にも見える。しかし筆者はこのやり取りを聞きながら、非常に大きな関心を抱いた。

補論　質的データの量的分析

　筆者は編集者に会う以前から、草創期の『アサヒ芸能』をはじめとする記事に目を通していた。そのときに読んだ記事は、『アサヒ芸能』に対する一般的な評価や偏見（＝くだらない雑誌）に反して、興味深く、面白いものだった。セックスという話題を取り上げていること自体が面白いのではない。その取り上げ方・切り取り方、堀口氏の言葉を借りるなら『アサヒ芸能』という「フィルター」に目がとまったのである。堀口氏と長綱氏とのやりとりは、筆者が『アサヒ芸能』にみた面白さとは一体何なのかを解く鍵となると思われた。さらに堀口氏は次のようにも語っていた。

　　つまりロリコンの読者はいないと思って僕はやってますからね。健全かどうかは分からないけども、もっと、（『アサヒ芸能』の読者は）大人の嗜好をもった読者だという風に僕は認識してますから。〔中略〕こういう人（＝大人の嗜好ではない人）たちにも情報は提供します。情報は提供しますけども、セックス記事の王道は一応、歩んでいきたいなと思いますよね。そりゃ、14、5歳の女の子とセックスしたいっていう願望のある男もいるんでしょうけども、僕は、そこを読者対象には入れないですね。そこはいれたくないし、自分でやっぱり娘をもっている人間が読んだら、どう思うかってことを考えたらできないですよね。

　『アサヒ芸能』が対象とするのは、大人の男である。「娘をもっている人間が読んだら、どう思うか」と考えたときに、14、5歳の女の子とのセックスを記事には書きたくない、という堀口氏の編集方針は、決して彼だけのものではない。このあと、さらに堀口氏と長綱氏のやり取りが展開される。（H：堀口氏、N：長綱氏）

H：うちはセックスを色々な方面から取り扱っている。うちは（セックスの）百貨店でもいいんだけども、そういう百貨店でも取り扱わない商品って、いっぱいあるわけですよね。『アサヒ芸能』では、こういうものは取り扱いませんよ、と。社会的な現象として出てきたものに関してはね、興味を示して、瞬間的には取り上げるけれども。それはその事件であったり、という形では取り上げるけれども、それ以外のことでやるっていうのは、僕はやりたくないなっていう。

N：さっきからの話（＝週刊誌の特集記事と企画記事との違いについて）で言うと、特集と企画とがあると、特集によってはなんでもやるんですよ。ロリコンものもあるでしょうし、13歳の女の子とのセックスというのも記事になる。でも企画でやるのはある程度、僕が自分なりに認知したものでなきゃ、やんないというぐらいの見方はありますよね。

H：特集は、もう社会の現象だから。

　編集部には事件や事故、面白い人物や出来事を取り上げる特集部と、毎週連載される漫画やコラム、小説などを扱う企画部がある。表紙の見出しを飾り、中吊り広告で目を引く特集のネタでは、話題性や注目度が重要になる。一方、企画は読者の固定層を作るもので、「健全かどうかはわからないけども、大人の嗜好をもった」セックスとして認知できるものしか載せない。両編集長とも少女とのセックスやロリコンは、事件としては取り上げても、企画としてはやらないし、やりたくない、と強調している。同席していた最古参の布留川氏は、元編集長2人の会話を受け、次のように言葉を継いだ。

「ルールっていうのか、ま、レールでもいいや、レールがあるのね」。「大人の男」なら幼女や少女をセックスの対象にはしないし、SMなどは取り上げても、本流としない。非常に'常識'的な性に対するルールが『アサヒ芸能』の大きな前提になっている。

　だがここに一つのジレンマがある。週刊誌である限り、やはり売れなければならない。読者が求めるものに応えていくことも『アサヒ芸能』を支える重要なルールである。ゆえに社会が変わり、常識が変われば、取り上げるセックスも変わってくる。だからこそ長綱氏は次のように語っていたのである。「(SMなどの見方について)うんと、こう流れればいいんだけどね、社会が。まだアレが、どこに行き着くかって(分からない)」。つまり今はマージナルな位置付けの性のあり方も、社会のなかで'常識的な性'となれば、当然、『アサヒ芸能』の「セックス記事の王道」に入るというのである。こうした社会の変化と『アサヒ芸能』の性のルールとのあいだに生じるジレンマを、堀口氏は「僕らの醍醐味」だと語る。

　　『アサ芸』は性に関して、ある意味で過激ですよね。ある意味じゃないか(笑)。言葉も過激だし、それがやっぱり世の中の流れと、うまくマッチしていかないといけないから。だんだん、(セックスの捉え方について)大きなうねりがきているから、これを変えていくんだけども、だったらこの言葉が、親父世代に嫌悪感を抱かせるんだったら、もっと違う言葉にかえてみせましょう、っていうのが、僕らの醍醐味だと思う。

　『アサヒ芸能』の性に対する感性は非常に保守的である。SMや乱交パーティーのような性ももちろん取り上げるが、それはあくまで

も『アサヒ芸能』のメインではない。そして現在生じている、セックスを取り巻く大きな変化が「親父世代」に「嫌悪感を抱かせる」なら、彼らの常識的感覚にとって受け入れやすい言葉へと変換していく。つまり社会の変化と読者の感覚とのある種の断絶を、言葉によってつないでいくのが、『アサヒ芸能』編集者の「醍醐味」だと語られる。

『アサヒ芸能』は奇抜な、あるいは異常なセックスを取り上げてきたのではない。むしろ読者として想定した「大人の男」たちにとって常識的で、なおかつ面白いと思えるセックスの枠組みを描きだそうとしてきたのである。それは不変ではない。編集者は社会の変化を敏感に感じ取り、生れつつある新たなセックス(に対する感性)の流れを、読者にとって了解可能な、それでいて新鮮なものとして提示してきた。それは変わりゆく社会や時代を演出するものであり、同時に前時代との連続性を担保する語りともなる。では、そのような語りはいかにして可能なのか。

筆者は、編集者が考える「アサ芸」らしさや、どのように記事にする性風俗をみつけてくるのかといった質問から、なんとかこの問いへ接近しようと試みた。しかしそれは成功しなかった。長綱氏はこの日のインタビューで次のようなことを語った。

　他とどこが違うかって言われると非常に言いにくいんですよね。自分が思っている通りに、(雑誌が)いっているかっていうのも、またちょっと、いろいろ(難しい)。ただ基本的な精神としては、やっぱ、ちょっと違うつもりでいるんですよね。軟らかいんだけども、どっか違うと。どっかっていうのが、じゃ、どうなんだって言ったときに、ま、わかりにくいんだよね。

長綱氏からは1999年7月26日のインタビューの際にも同様の言葉を聞いていた。「よくいう'アサ芸らしさ'っていうのは、案外なかにいる人間にはわかりにくいんだよね」、と。実際、「アサ芸」らしい記事を書くことは、現場の長年の経験で身に付けた身体技法であり、当人たちにとってあまりにも自明であるがゆえにほとんど言語化されることはない。捉えなければならないものは、編集者自身によって対象化できない、彼ら自身の〈常識知〉ということになる。

　このような考えにいたったとき、編集部より紹介されたのが1961年から96年まで『アサヒ芸能』の性風俗担当の記者として活躍された井口氏(仮名)である。そこで彼とのインタビューに際しては、『アサヒ芸能』の編集方針などは質問せず、実際どんな風に取材をしたのか、記事を書く時にはどんなことに気をつけていたのか、といったことを中心に聞いていった。たとえば取材についてのエピソードならば、次のようなものである。(I: 井口氏、Q: 筆者)

　I：本当に辛かったのは、ホテル。行き当たりばったりの仕事ですから、気がついたら夜の11時や12時だったと。それからホテルとるっていうので、大変だったですよ。じゃ、はじめからね(ホテルを)とっておけばいいって(言われるけど)、そうじゃなくてね、もう(現地に)行ったらイケイケですから。わたくし箱根湯本って、そこの芸者さんのマンションに泊めていただいた。置屋さんから(泊まるように言われたからだけど)。そのかわり芸者さんは(部屋から)追い出すよ、っていうことで。だからマンションだけで泊めてくれた。箱根湯本にあれだけ旅館があって、一部屋も空いてないって言うんですもん。それだけ満員だ

ったんでしょう、当時は。ま、ブームだったんでしょ。芸者さんもね、150人、200人くらいいました。

Q：当時って、何年くらいですか。

Ｉ：わたくしがやっている頃だから、30年前、20年くらい前に200人くらい（芸者さんがいた）。（いまは）100人、半分以下ですよ。芸者さんのマンション、ちょっと頼んで空けるからって、置屋がですよ。「どうぞ泊まってください」って。だけど芸者さんのマンション泊まったってね、ゆっくり寝られるもんじゃないですよね。艶めかしい匂いもあり……。で、ウィスキーは置いてくれた（笑）

　井口氏は1965年頃から性風俗の連載を担当し、全国各地の盛り場を取材して回っていた。ここに紹介した箱根湯本だけではなく、石川県片山津温泉や香川県善通寺、越後高田、山形県瀬見温泉など各地での取材の模様が詳細に語られていった。さらに筆者は、このように取材したものを記事にするときには何に注意していたかを尋ねていった。そのなかで井口氏が連載を担当していた当時の編集長である小金井道宏氏（故人）とのやり取りなどが語られた。

Q：小金井さんから、記事を書くときに注意をされたこととかありました？

Ｉ：ありましたですね。僕は、非常に独特な表現を使ってね、クリスチャンだったもんですから。要するに理屈が出ると。こういうのは理屈はいらないと、風俗は。

Q：理屈はいらない……。

Ｉ：ええ。生のね、裸で体験した、裸の言葉であればいいんだ、

そのかわり理屈はいらないんだということを教わりましたですね。それからね、急に気が楽になったというか、だんだん、光るようになりましたね、記事は。

　小金井氏は井口氏が尊敬し慕っていた編集長である。その小金井氏から「生の、裸の言葉で書け」というアドバイスをもらったことが、井口氏が「アサ芸」らしい記事を書くようになる大きなきっかけになったと語られる。また井口氏は記事を書くときには必ず、「ヤマは二つ、設けなければいけない」と語っていたが、これと同様のことは、長綱氏からも聞いていた。「取材して、記事を書くときに気をつけるのは、面白い山場を二つ作るということですか」[3]と。井口氏へのインタビューによって、実に興味深く具体的なエピソードが数多く得られたばかりではなく、世代を超えて共有されている『アサヒ芸能』の記事のルールらしきものが得られた。

　だが実際、分析作業に入ると、これらデータの具体性や面白さが、分析上の大きな困難となることがわかっていく。作業に取りかかる前には、堀口氏らへのインタビューから、編集者にとっての「アサ芸」らしさを探り、具体的にどう実践されているのかを井口氏の話から描き出すつもりでいた。ところが、井口氏のあまりにも具体的な語りゆえに、エピソードの個別性ばかりに目がとまり、『アサヒ芸能』の性風俗記事という大きな枠組みを捉えることが出来なくなってしまった。またほかの編集者から聞いた「アサ芸」らしさのうえに、井口氏の30年以上にもおよぶ記者生活の話をのせていくという作業自体が、彼らの語りのもつ面白さを削ぎ落とすことにしかならないようにも感じられた。

　興味をひかれるエピソードや自分の議論にとって重要と思われる

語りを取り上げていく方法では限界がある。データとの取り組み方を考え直す必要が生じた。個別のエピソードの具体性を生かしつつ、全体としての枠組みをつくることはいかにして可能なのか。この模索のなかで、筆者が採用したものが、KT2システム（以下KT2）[4]である。

2. コーディングとKT2の基本的発想

コードは分析の基本となる要素であり、それを抽出するコーディングがいかに為されるかは、分析の成否を左右する。KT2は長文テキストデータのコーディングを行うために開発されたプログラムであり、いわゆるCAQDAS (Computer Assisted Qualitative Data Analysis Software)の一種である。欧米では1960年代頃から、おもに人文学の領域で、文学作品などテキストデータの内容分析に際してコンピュータが利用されていた。さらに80年代にはいると、パーソナルコンピュータの普及にともないCAQDASの開発がすすみ、広く社会科学の領域でもテキストデータの分析にコンピュータが利用されるようになっていった[5]。

では日本の場合はどうか。「日本語の場合、コンピュータを用いたコーディングは、その発達が20年は遅れているであろう」[6]といわれる。ひらがな・カタカナ・漢字・ローマ字など複数の字種が混在し、なおかつ英語のように明確な単語の区切りをもたない日本語では、「単語を識別するだけでかなりの技術と高度なパソコンの能力が必要」[7]とされてきたことがその理由の一つである。

しかしパソコン性能の向上にともない、こうした事情も変わりつつある。90年代頃から日本語テキストデータのためのコーディン

グ・プログラムがいくつか作成されており、ここで取り上げるKT2も、そうしたコーディング・プログラムのうちの一つである。

コーディング作業をコンピュータで行うことの利点について、Sealeは、1）大量データの速やかな処理、2）分析手続きの厳密化、3）グループ調査の簡便化、4）サンプル決定の手助け、という4点をあげているが[8]、これらの利点はKT2においても当てはまる。加えてKT2には、コーディング結果をクロス表の形でグラフ化できるといった利点がある。これは質的データを量的に分析していくというKT2の基本的な発想と関連している。この点について川端亮(2004)を参照しながらさらに詳細にみていこう。

川端によれば、欧米でよく使われるCAQDASのNUD・ISTやAtlas/tiなど従来のコーディング・プログラムはテキストの文脈を重視しているという[9]。そのため「コーディングをする分析者がデータを読み、手作業でコーディングする部分を選択し、その部分にコード名をつけていく」という手続きがとられる。また文脈重視のコーディングであることから、「コーディングされる部分は単語という短い単位にとどまらず〔中略〕文全体になったり、一つの段落の大部分になったりもする」。一方、KT2の場合、テキストの文脈はいったん保留される。そして単語あるいはそれに準じた単位をコードとし、「コーディングが半ば自動的に、パソコンが機械的に行」っていくところが大きな特徴である。欧米のCAQDASが文脈を重視し、質的データを質的に分析していく方法をとっているのに対し、KT2では「コーディングされた質的データを計量分析することを重視」しているといえる。それではなぜあえて質的なデータを計量的に分析する必要があるのか。川端はいう。

分析の対象とする文章を読んで、文字通りに解釈するのではなく、文をいったん語に分解し、その語と語の間の連関の強さを元に単語の使われる暗黙の意味構造を新たな「潜在的論理」として、いわば文法のように取り出し、データ理解の枠組みとして用いるのである。〔中略〕これが実現すれば、文章を読んでいるだけではわからない分析のための新たな発想、発見を得ることができることがある[10]。〔傍点筆者〕

インタビューなどから得られた当事者の生の言葉を「文字通りに解釈」しないで、しかも「いったん語に分解」するというKT2の発想は、質的調査に関わる多くの調査者に違和感を覚えさせるだろう。またコンピュータによる手続きは機械的で、分析者が誰であっても同一の結果にしかいたらないというイメージを抱かせるかもしれない。議論を先取りしていうならば、KT2の利用によって、質的データが量的特性に還元されるわけではないし、分析がコンピュータに任されるわけでもない。より正確には、KT2は分析者の痕跡をつぶさに記録し、その分析プロセスを、分析者以外の人間に対してもアクセス可能なものにするという意味での客観性を用意するツールだといえる。以下、筆者のデータをもとに、KT2の利用方法をみていくことにする。

3. KT2によるコーディングとクロス表による結果表示

KT2を利用するためにはいくつかの準備作業が必要になってくる。まずKT2で読み込ませるデータはテキストデータに変換しておく。

つぎにデータの最初と最後に<BODY>〜</BODY>というタグをふる。またKT2の特徴であるクロス表の作成のためには、縦軸と横軸の二つの軸が必要になる。一つの軸は抽出コードによって決定されるが、もう一つの軸はデータ中には存在していない。この軸を設定するのがHTMLタグと呼ばれる記号で、<H1>〜</H1>と表記され、分析者はデータ中にこのタグを埋め込んでいくことでクロス表を成り立たせるためのもう一本の軸をつくるのである。このタグをふる位置については、クロス表の結果をみながら、探索的に変更していくことになる。

では実際に、筆者が井口氏に対して行ったインタビューデータを例に、KT2によるコーディング作業を確認していく。KT2ではデータから抽出されたコードを出現頻度の多い順に表示できる機能がある。筆者はこれを利用して出現頻度の上位100語の一覧表を作成した（表1）。

表1をみると、「記事」「取材」「アサヒ芸能」[11]「読者」「タイトル」「小金井（＝編集長の名前）」「デスク」など『アサヒ芸能』編集部と関連するコードと、「風俗」「女性」「芸者」「吉原」など性風俗の取材についての語りに関連したコードとが上位を占めていることがわかる。これは筆者が「『アサヒ芸能』の編集方針」を「実際の取材経験」を聞く形で、インタビューしていたことと大いに関係する。とはいえ表1には、単にインタビューの目的からだけでは意味付けられないコードもみられる。とくに筆者の目にとまったのは、上位20位以内にある「東京」「韓国」「大阪」といった地名と関係するコードである。これを広く場所と関係するコードだと考えて、20位以下のものについてもみていくと、「地元」「台湾」「日本」「松山」「温泉地」などほかにも多くの類似したコードが散見される。

表1　KT2によるコーディング結果1回目（頻出単語上位100語）

1-20位	21-40位	41-60位	61-80位	81-100位
記事	名前	有名	家族	上野
取材	文章	徳間	マンション	失敗
風俗	地元	注意	ホステス	後輩
女性	ヤクザ	前文	ノウハウ	源氏名
芸者	男性天国	講談社	タレント	経営者
アサヒ芸能	台湾	会社	カメラ	九州
読者	自分	パンマ	アサ芸	義理
タイトル	面白	バー	露骨	間違
東京	日本	理屈	流行	温泉
小金井	雑誌	雄琴	友人	印象
ホテル	警察	勉強	保証人	モデル
デスク	意識	姫路	編集長	ポイント
言葉	クラブ	土地	発展	ヒント
教訓	松山	新聞記者	置屋	タクシー
韓国	社員	紹介	全国	サービス
エステ	温泉地	週刊現代	赤線	ケース
大阪	ブーム	写真	親切	アドバイス
吉原	ネオン	仕事	情熱的	問題
記者	ソープランド	見出	情緒	本番
ダメ	旅行	外部	場所	編集会議

　KT2は出現用語を、頻度順、あいうえお順、出現位置によって確認できる。また語の検索機能もついているので、語がどのような文脈で出現しているのかも確認できる。そこでこれらの機能を利用し、場所に関連したコードを検索し、抽出コードを統合することで、たとえば〈東北地方〉といったカテゴリーを作成していく。場所以外のものに関しても同様の手順で、カテゴリー作成を行なっていった。

　以上のようなカテゴリー作成の作業と並行して、コードの洗い出し作業も行なった。というのも、字種切りという方式でコード抽出を行なうKT2では、漢字1字や仮名交じりの文字がカウントされない（たとえば「酒」「男」「渡り鳥」など）。そこで先述の検索機能などを利用して、カウントされなかった単語を探し、必要な場合、KT2の

辞書機能に登録していった。抽出したいものが漢字1字のコードなら復活語辞書に、「渡り鳥」のような字種混交のコードは複合語辞書にそれぞれ登録していく。さらにこのような作業の繰り返しにより、抽出されてはいるが分析には不要と思われるコードもみつかってくる。そのような語については停止語辞書に入力すればコードとして抽出されなくなる。

　KT2による抽出コードからカテゴリーを作成する作業や、辞書機能へのコードの登録作業は、それ自体がコーディングルールの明確化という機能を果たしている。つまりこれら一連の作業によって、分析の基本単位となるコードを分析者がどのように取捨選択したのか、またあるカテゴリーがどのようなコードから成り立っているのかを第三者に明示できることとなる。ある分析結果を導くこととなる分析者のバイアス（＝視点）がどのようなものなのか、そのプロセスの検討が可能になるのである。

　辞書機能を利用して、ある程度のノイズを取り除いたところで、筆者はクロス表の作成にとりかかった。クロス表作成のための軸の設定は探索的なものとならざるを得ない。最初は一つのエピソード毎にHTMLのタグをふったり、もっと機械的に文字数で区切りを設定したりするなどしてクロス表を何度も何度も作成していく。この作業の繰り返しによって、コード間の関連をみながらコードを統合しカテゴリーを作成したり、あるいは逆に作成していたカテゴリーの分解を行ったりする。

　コーディング作業の途中である図1は、インタビューデータにある井口氏の発話内容を編集方針と三つの時期とによって区分し、クロス表を作成したものである[12]。『アサヒ芸能』の編集方針という当初の問題設定にこだわっていたため、多少の違いはあっても、筆者

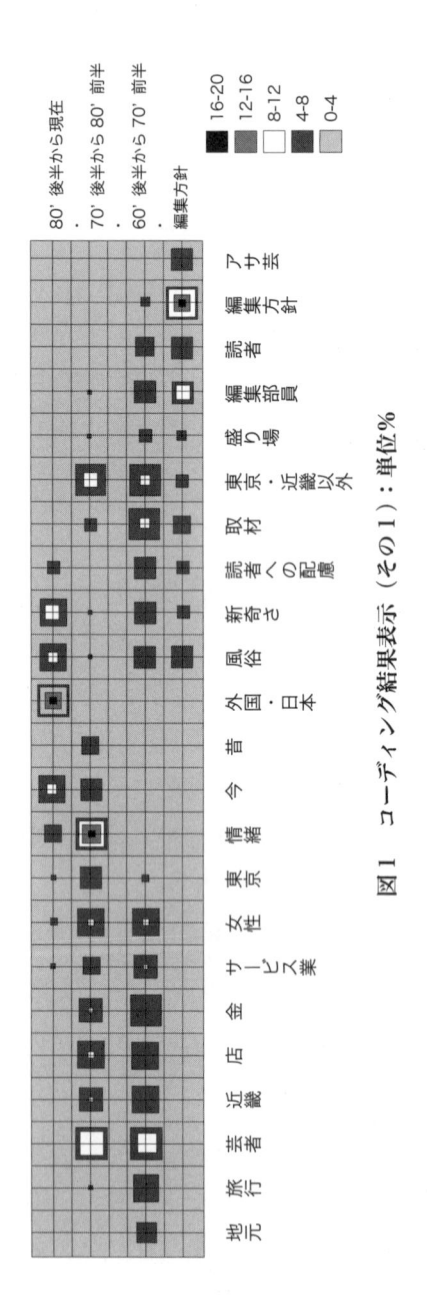

はしばらくこのような軸の設定を繰り返していた。しかし図1のようなグラフから、インタビューデータを見直しても、全体の枠組みが腑に落ちることはなかったし、ここに出現する各カテゴリー間に関連を見出すこともできなかった。

このとき筆者が行っていたコーディング作業を改めてみてみると、ここで作成されているカテゴリーに問題があったことがわかる。先述のとおり、カテゴリーは抽出コードを構成要素に作成されている。章末の付表は各カテゴリーの構成コードを一覧表にしたものである。たとえば図1の「サービス業」というカテゴリーをみると、筆者が、「ホステス」「AV女優」「売春」「パンマ」「外交官夫人」[13]などをすべて同じカテゴリーを構成するコードだと考えていたことがわかる。と同時に、この時点のコーディング作業では「芸者」だけをなぜか別カテゴリーとして

表2　コーディングルール（辞書登録語一部）

復活語	複合語	停止語
情	アサ芸	新婚
優	知り合い	結婚
客	盛り場	特集
店	流れ者	コーナー
裸	渡り鳥	特集部
旅	ネオン街	大学
遊	飲み屋	草創期
楽	韓国エステ	一年間
変	韓国クラブ	非常
娘	台湾エステ	スキー
金	中国クラブ	場合
女	問い合わせ	問題
男	出張マン	期間
酒	生い立ち	大変

独立させている。「性風俗産業とはこのようなものだ」という筆者の〈常識〉が、とても妥当とは思われない「サービス業」というカテゴリーをつくっていたことがよくわかる。

　カテゴリーの構成要素であるコードの明示によって、カテゴリー作成時の分析者のバイアスを、第三者に提示できるということはすでに述べた。だがコードの明示は第三者に対してのみ有益なのではない。自らのコーディング作業をチェックできることは、分析者がその分析の問題点を把握し、自身の枠組みを点検することも可能にするのである。

　表2は幾度となくコーディング作業を繰り返して、最終的に採用したコーディングルールの一部を抜粋したものである。おそらくこの中でも重要なのは停止語として登録されたものであろう。インタビュー開始時期、『アサヒ芸能』編集部における特集部・企画部の役割や、草創期『アサヒ芸能』の編集方針に関心をもち、そのよう

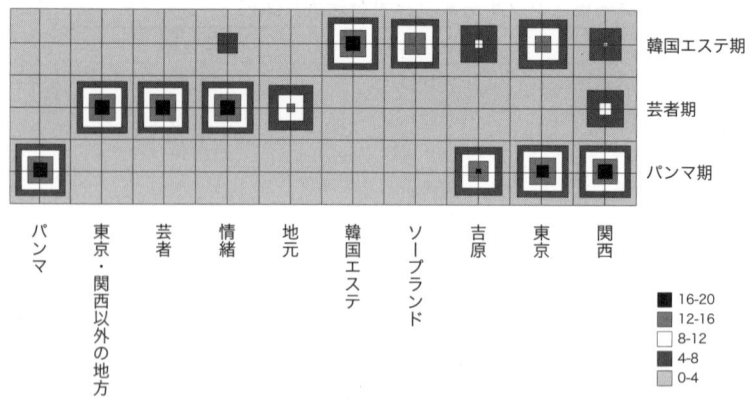

図2　コーディング結果表示（その2）：単位％［再掲］

な質問を何度かぶつけていた筆者の調査経過を考えれば、「草創期」、「特集部」といったコードの抽出を停止する＝コードから外すというのは、かなり大きなバイアスがかかった選択だといえる。また「新婚」「結婚」などは、ライフヒストリーの文脈で考えれば外すことのできないキーワードとなるはずのものである。実際、これらは井口氏が自らの新婚家庭や家族について語る文脈で出現している。それでもこれらコードを分析から外すという決断を行なえたのは、KT2にあるクロス表作成の機能によって、抽出されたコードの出現状況を把握しながら、全体の枠組みを作成するというプロセスによるところが大きい。

　こうしてカテゴリーの再編とデータ区分の検討を繰り返し、最終的に筆者が作成したのが図2である。図1と比較すると、図2は編集方針に関連するカテゴリーなどを'捨てて'いる。また図1で「サービス業」としてまとめていたカテゴリーを解体し、構成コードのうちの一つだった「パンマ」を独立したカテゴリーにしている。このようなコーディングを行なった理由は、グラフ上の「地元」カテ

ゴリーにあった。じつは、インタビューをしていたまさにその場で、筆者にとって大きな謎となっていたのが「地元」だったのである。少し長くなるが、会話に「地元」が登場した時のやりとりをみてみよう。(井口氏：I、筆者：Q)

Q：取材先で井口さんが注意してみていたことや、観察しようと思っていたことってありますか？
I：やっぱり女性ですよ。つまり渡り鳥のホステスさんがいるかどうか。
Q：渡り鳥のホステスさん？
I：つまり、転々として、大阪をくいつめて流れて姫路へ行くとかね。わたくしが姫路に行ったときにね、ホントにもうサービスがいい、話がうまい女の方がいて、興味をもったんですよね。大体、姫路とか岡山あたりでそういう女性っていうのはいないはずだと。つまり全国のね、女性の気質(かたぎ)っていうのは、ある程度、(ネタ)本があるんですよ。なになに県の女性は情に厚いとかね、そういうのがおおざっぱにね。必ずしも当たっているわけじゃないけど、ある程度アウトライン的に分かるわけですよ。そうすると姫路に行ったときに、姫路の女性はこんなはずじゃないと。で、聞いたんですよ、生い立ちを。そしたらやっぱり大阪の、ミナミでいて……。そりゃ、確かにうまいですよね。そういう女性のね、つまり地元の方なのか、流れ者、いわゆる渡り鳥ホステスなのか(を注意してみてました)。芸者さんもおんなじです。
Q：それは、なにか記事にするときに関係あるんですか？
I：もちろん、あるんですよ。

Q：どういう風に書かれていたんですか？
I：やっぱり地元の女性は情が厚いとか、まさしくそのとおりであるとか(話が)発展するじゃないですか。姫路のあるバーの女性に、姫路の夜を語ってもらったと、だけど実は大阪の出身で、大阪にいられなくなったのでこちらに来た、となると、そこでもう終わっちゃうわけ。だから地元の方かどうかってそのことに注意しましょうって。だけどどうしても地元は多いんですけどね。
Q：地元の方だとお話が発展するというのは、どういう形で発展するんですか？
I：ですから、わたくしの友達がそこにいるからどうぞ行ってくれとか。一番間違いのない取材というのは、お話を聞いてね、その女の方に必ず店を一軒紹介してもらうという…

　ここで筆者は「地元」へのこだわりについて井口氏に繰り返し質問をしている。これはインタビュー技法としてでも、「地元」がキーワードだと思ったからでもない。性風俗の取材で、なぜ「地元の女性かどうか」が重要になるのか、そのつながりがさっぱり分からなかったためである。ここでのやりとりで井口氏は、地元が重要であることは自明であり、むしろなぜそれが筆者に伝わらないのかが不思議なようであった。このやりとりの最後では、井口氏は地元へのこだわりを（おそらくは筆者に納得いく形として）、「間違いのない取材」の方法として語ったのだが、「地元」であることがなにを意味するのか、どうしても筆者には分からなかった。
　コーディングを開始してからも、「地元」というコードは出現していたが、それはさきにみた「東京」「大阪」「松山」「温泉地」のような

場所に関連したコードと同じような意味だろうと漠然と考えていた。しかし抽出コードとインタビューデータの確認を繰り返すうちに、どうしてもこのコードを外せないという感覚が明確なものになっていった。さらに「地元」というコードに注目しながら、他のコードの出現状況をみると、「情が深い」「情緒」というコードや地名にまつわるコードが、あるまとまりをもって捉えられるようになっていった。編集方針や編集部仲間などの要素を外し、「サービス業」というカテゴリーの解体を行なったのも、「地元」に焦点をあてた結果に他ならない。こうして、詳細なエピソードで彩られていた井口氏の語りを、＜パンマ＞／＜地元＞＜芸者＞／＜韓国エステ＞＜ソープランド＞をそれぞれキーワードとする三つの軸から再構成することができた。図2は以上のようなコードの取捨選択の結果えられた鳥瞰図だといえる。

4. 枠組みの解体、そして再構築へ

　KT2によって、データを読むだけでは気づけなかったデータ全体の枠組みを作成することができたわけだが、このようなKT2の利点はインタビューデータだけでなく、1970年から1989年にわたる大量の目次データをコーディングする際にも有効であった。

　自由回答やインタビューから得られた当事者の生の言葉を「文字通りに解釈」しないで、いったん「語に分解」するというKT2の発想は、質的データの質的意味を無視するもののように見えるかもしれない。またコンピュータが「半ば自動的に」コードを抽出することは、誰がいつ分析しても同じという機械的な印象を抱かせるかもし

れない。だがそうではないことはすでに見たとおりである。KT2は、SPSSやパソコン自体がそうであるように、分析や思考作業の有効な道具ではあるが、それ以上にはなりえない。分析者自身がどう考えるか。これがなければ、どんなにすぐれたプログラムでもどれほどの価値も無い。

さらにKT2の、いったん文脈を保留して単語単位でコードを抽出するという方法が、分析者にもつ意味は大きい。社会学の魅力の一つは、自らの文脈から距離をとる方法とその意味を学んでいくことにある。だがまさに言うは易しである。実際、自分が行ったインタビューデータから、距離をとることすらままならない。KT2による単語への分解は、分析者自身が自明としている枠組みを解体する、その大きなきっかけとなりうる。

興味深いことに、私たちはこれとよく似た考え方を、KT2が開発される70年も前の時代にみることができる。1928年に出版されたウラジミール・プロップ『昔話の形態学』である。植物学から「形態学」という着想を得たプロップは、自らの研究対象である昔話にそれを援用する。つまり植物という全体を把握するときがそうであるように、昔話という全体を把握するにも、まずはそれを構成部分へと分解し、「構成部分・構成部分相互の間の関係・構成部分と全体との関係」[14]を理解することが重要だと考えたのである。プロップは昔話の登場人物の〈行為＝機能〉を構成要素とみなし、それによって昔話を分解することで、驚くほど多種多様な昔話に共通する一つのパターンを見出したのである。

もちろん、インタビューやフィールドワークから得られるデータは昔話のようにはいかないかもしれない。だが少なくともデータに張り付いていたのでは捉えられない要素間のつながりを、鳥瞰図を

可能にする「鳥の目」でもって把握することは、質的データの分析に、新たな可能性を用意はしても、閉ざすことにはならないのではないだろうか。

注

1　景山 (2006) を加筆修正したものである。

2　このインタビューに同席していた小鷹氏は、1999年7月以降、筆者が徳間書店に訪問するたびに、なにくれとなく面倒をみてくれていた人物であるが、彼もまた『アサヒ芸能』の文章については特別な思い入れを持っていた。小鷹氏はインタビュー当時すでに『アサヒ芸能』の編集からは離れていたが、その朴訥な話し方からかえって、『アサヒ芸能』という雑誌に長年たずさわってきた自負と、この雑誌への深い愛着のようなものを感じさせる人だった。そんな小鷹氏との会話のなかで、『アサヒ芸能』記者の仕事の仕方が話題になった。彼によれば2000年現在で『アサヒ芸能』の記者は、記事を書くときに、ワープロやパソコンを利用しているものよりも手書きが圧倒的に多いということだった。ワープロのようにきれいに清書されて出来上がるものでは、記事の迫力や良し悪しが判断しにくいということや、手書きのスピード、文字の印象という点からもワープロはあまり記事を書くのには合わないからだと語っていた。小鷹氏の話をうかがってからすでに数年が経過している。いまの『アサヒ芸能』の編集者が手書きで書いているのかどうかを筆者は知らないが、この書くことへのこだわりは『アサヒ芸能』の一つの見えない伝統となっていると期待したい。

3　2000年6月24日、長綱氏との会話より。

4　KT2は1999年に川端亮（大阪大学）と谷口敏夫（京都光華女子大学）によって共同開発されたコーディング・プログラムである。KT2はKT Coderとよばれるコンピュータプログラムの改良版で、その説明は谷口 (1999: 31-58; 2004: 13-34) に詳しい。

5　Seale (2000) また Popping (2000) に詳しい。
6　川端 (2004: 3)。
7　川端 (2004: 3)。
8　Seale (2000).
9　たとえば、心光 (2004) を参照。
10　川端 (2004: 4)。
11　表中の「アサヒ芸能」と「アサ芸」については、字種によってコードを抽出するKT2では本来、「アサヒ」「芸能」と「アサ」というコードが抽出される。しかし「アサヒ芸能」と「アサ芸」については後述の辞書機能を使って、予め「アサヒ芸能」「アサ芸」として抽出されるようコードの登録を行っていた。
12　このグラフの見方であるが、グラフは等高線グラフを真上から見た形になっている。グラフ上の四角の面積が大きければ大きいほど、四角の重なりが多ければ多いほど、そのカテゴリーの出現頻度は高いということになる。
13　カテゴリーの構成コードは字義通りの意味と文脈による意味から抽出している。「外交官夫人」などは字義的には「売春」や「ホステス」とは異なるが、ここでの井口氏の語りから筆者はそれを「サービス業」というカテゴリーを構成するコードとして選んでいる。
14　プロップ (1928=1987: 3)。

補論　質的データの量的分析

付表　出現カテゴリーの構成コード一覧

図1構成コード

カテゴリー	コード	カテゴリー	コード	カテゴリー	コード
地元	地元	情緒	東京人	取材	取材
	土地		情緒		取材力
	流れ者		情熱的		取材先
	渡り鳥		情緒的	東京・近畿以外の地域	四国
旅行	旅行		深情け		普通寺
	旅		情深き		松山
	ホテル		優		香川県
	ラブホテル		情		観音寺
	旅館		親切		北陸
	運び込み屋		ユーモア		越後高田
芸者	芸者		しっとりした		上越市
	瀬見芸者		人間的		石川県
	高田芸者		乾		東北
	芸者街		気質		山形
近畿	大阪	外国/日本	外国風俗		陸奥
	ミナミ		タイクラブ		九州
	飛田		中国クラブ		沖縄
	姫路		ロシアクラブ		肥後
	京都		台湾クラブ		熊本
	大津		韓国クラブ		北海道
	関西		フィリピンクラブ		札幌
	関西風		エステ		ススキノ
	関西関係		外国	盛り場	盛り場
金	金		フィリピン		バー
	値段		韓国人		飲み屋
	費用		台湾		ネオン街
	八千円		韓国		キャバレー
	経費		外人		スナック
	玉代		日本	編集部員	部員の名前
	初任給		日本人		後輩
	百万円	風俗	性風俗		先輩
	七万円		風俗		若い
	入浴料	新奇さ	異色		仲間
	二万円		ユニーク		メンバー
	三万円		珍し	編集方針	理屈
	五万円		目玉		裸
	一万五千円		変わり種		真似
	一万円		発見		生の
	カゲ		新		露骨
	ギャラ		登場		徹底的
	取材費		ブーム		徹底
	給料		下火		アウトロー路線
サービス業	サービス		退化		体験
	本番		一過性		実情
	売春		ピーク		克明
	デート	読者への配慮	安心		くそリアリズム
	売春関係		水先案内人		ぺんぺん草
	ホステス		交通公社		経験
	マダム		観光協会		実際
	コールガール		目安		語り
	AV女優		反面教師		充実
	ソープ嬢		ヤバイ		
	外交官夫人		危険		
	素人		怖い		
	パンマ		ぼられる		
女性	女性		判断		
	女		問い合わせ		
東京	東京		投書		
	上野		反響		
	新橋		行列		
	銀座		クレーム		
	浅草		応対		
	歌舞伎町				

図2構成コード

カテゴリー	コード
東京・関西以外の地方	松山
	北陸
	越後高田
	上越市
	石川県
	東北
	山形
	陸奥
	九州
	肥後
	北海道
	熊本
	札幌
芸者	芸者
	瀬見芸者
	高田芸者
	芸者街
情緒	情緒
	情熱的
	情緒的
	深情け
	情深
	優
	親切
	気質
地元	地元
	土地
	渡り鳥
	流れ者
ソープランド	ソープランド
	雄琴
	川崎
韓国エステ	エステ
	韓国エステ
	フィリピンエステ
	中国クラブ
	ロシアクラブ
	韓国クラブ
	フィリピンクラブ
	タイクラブ
	台湾クラブ
	台湾
	韓国
	フィリピン
	外人
	外国
	外国風俗
東京	東京
	上野
	歌舞伎町
	新橋
	銀座
	浅草
	東京人
関西	大阪
	姫路
	大津
	京都
	関西風
	関西関係
	ミナミ

* 1カテゴリーにつき1コードのものは省略(例:パンマ)

引用・参考文献

Seale, C., 2000, "Using Computers to Analysis Qualitative Data," in D. Silverman, *Doing Qualitative Research: A Practical Handbook,* Sage: 154-174.

Popping, R., 2000, *Computer-assisted Text Analysis*, Sage.

磯野誠一・磯野富士子，1958,『家族制度——淳風美俗を中心として』岩波新書

井上俊，1973,『死にがいの喪失』筑摩書房

井上忠司，1995,『風俗の文化心理』世界思想社

江原由美子編，1992,『フェミニズムの主張』勁草書房

―――― 編，1995,『性の商品化——フェミニズムの主張（2）』勁草書房

大塚久雄，1977,『社会科学における人間』岩波新書

景山佳代子，2004,「性風俗の構成要素とその変遷——1970年から90年の『アサヒ芸能』の目次より」川端亮編『社会調査における非定型データ分析支援システムの開発』平成13年度～平成15年度・科学研究費補助金(基礎研究(B)(2))研究成果報告書: 71-82

――――, 2006,「量化と質化とのあいだ——KT2システムのモノグラフへの適用事例」奥田道大・松本康監修／広田康生・町村敬志・田嶋淳子・渡戸一郎編『先端都市社会学の地平』ハーベスト社: 223-242

ガーフィンケル，ハロルド他，1987,『エスノメソドロジー』山田富秋・好井裕明・山崎敬一訳，せりか書房

川端亮，2004,「計量的テキスト分析」川端亮編『社会調査における非定型データ分析支援システムの開発』平成13年度～平成15年度・科学研究費補助金(基礎研究(B)(2))研究成果報告書: 1-12

川端亮編，1999,『非定型データのコーディング・システムとその利用』平成8年度～平成10年度・科学研究費補助金研究成果報告書

川端亮・樋口耕一，2003,「インターネットに対する人々の意識——自由

回答の分析から」『大阪大学大学院人間科学研究科紀要』29: 163-181
神崎清, 1974,『決定版・神崎レポート売春』現代史研究会
厚東洋輔, 1991,『社会認識と想像力』ハーベスト社
―――, 2006,『モダニティの社会学』ミネルヴァ書房
小林大治郎・村瀬明, 1971,『国家売春命令物語』雄山閣
コルバン, アラン, 1978=1991,『娼婦』杉村和子監訳, 藤原書店
今和次郎／藤森照信編, 1987,『考現学入門』筑摩書房

佐藤郁哉, 1992,『フィールドワーク』新曜社
佐野眞一, 1984,『性の王国』文春文庫
週刊誌研究会編著, 1958,『週刊誌　その新しい知識形態』三一書房
心光世津子, 2004,「CAQDASを用いた質的データの質的分析」川端亮編『社会調査における非定型データ分析支援システムの開発』平成13年度〜平成15年度・科学研究費補助金(基礎研究(B)(2))研究成果報告書, 57-70
新吉原女子保健組合（関根弘編集）, 1990,『赤線従業婦の手記』〔復刻版〕土曜美術社
千田夏光, 1994,『ニコニコ売春』汐文社

田崎英明編, 1997,『売る身体／買う身体――セックスワーク論の射程』青弓社
谷口敏夫, 1999,「全文からの『位置情報付き用語』の抽出」川端亮編『非定型データのコーディング・システムとその利用』平成8年度〜平成10年度・科学研究費補助金研究成果報告書: 31-58
―――, 2004,「KT2の利用法:犯人の可視化――小栗虫太郎『聖アレキセイ寺院の惨劇』より」川端亮編『社会調査における非定型データ分析支援システムの開発』平成13年度〜平成15年度・科学研究費補助金(基礎研究(B)(2))研究成果報告書: 13-34
ダワー, ジョン, 1999=2001,『敗北を抱きしめて――第二次大戦後の日

本人　上』三浦洋一・高杉忠明訳，岩波書店

デラコステ，フレデリック他 編，1987=1993,『セックス・ワーク―― 性産業に携わる女たちの声』角田由起子他監訳，パンドラ

東京都民生局婦人部福祉課編，1973,「売春と取り締まりの変遷」『東京都の婦人保護』東京都広報室都民資料室

東京都台東区，1965,『台東区再開発基本構想に関する調査研究報告書』

徳間書店社史編纂委員会，1984,『徳間書店三十年　一九五四～一九八三』徳間書店（非売品）

徳間書店，1989,『徳間書店の35年』徳間書店（非売品）

富永茂樹，1996,『都市の憂鬱―感情の社会学のために』新曜社

永井良和，2002,『風俗営業取締り』講談社

樋口耕一，2003,「コンピュータ・コーディングの実践――漱石『こころ』を用いたチュートリアル」『年報人間科学』24: 193-214.

広岡敬一，1978,『トルコロジー』晩聲社

福富太郎，1995,『わが青春の「盛り場」物語』河出書房新社

藤目ゆき，1998,『性の歴史学』不二出版

プラマー，ケン，1995=1998,『セクシュアル・ストーリーの時代――語りのポリティクス』桜井厚・好井裕明・小林多寿子訳，新曜社

プロップ，ウラジミール，1928=1987,『昔話の形態学』白馬書房

松崎康憲，1982,「週刊誌の徹底研究・暴力団と下半身ネタに徹する異色週刊誌『アサヒ芸能』」(『創』1982年5月号: 122-129)

マリオッティ，マルチェッラ，1999,「'それいけ！アンパンマン'の社会学」『ソシオロジ』44(2): 19-35.

溝井暁・吉川徹，2004,「進路希望と学校・教育に対する自由回答意見の記述的計量分析」川端亮編『社会調査における非定型データ分析支援システムの開発』平成13年度～平成15年度・科学研究費補助金(基

礎研究(B)(2))研究成果報告書: 101-133.

見田宗介, 1979,『現代社会の社会意識』弘文堂

―――, 1984,『現代日本の精神構造』弘文堂

モラン, エドガール, 1970=1980,『オルレアンのうわさ』杉山光信訳, みすず書房

山本明, 1987,「戦後旅行史」井上俊編『風俗の社会学』世界思想社: 86-103

山本俊一, 1994,『梅毒からエイズへ――売春と性病の日本近代史』朝倉書店

レヴィ＝ストロース／橋保夫編, 1979,『レヴィ＝ストロース日本講演集 構造・神話・労働』みすず書房

歴史評論編集部, 1979,『近代日本女性史への証言』ドメス出版

ロダーリ, ジャンニ, 1973=[1978]1990,『ファンタジーの文法――物語創作法入門』窪田富男訳, ちくま文庫

あとがきのような、謝辞のようなもの

　路地が好きだ。昔から、広くまっすぐに整備された大きな道よりも、家々の隙間を縫うようにつながる路地を好んで歩いた。軒先とも道端ともいえる空間を彩る紫陽花や朝顔。手押し車に体を預けて散歩するおばあさん。補助輪つきの自転車を勢いよくこいで走り去る子どもたち。影法師が長く伸びた頃、どこからか漂う夕餉の匂い。「生活」が息づいている。それは決してニュースにならない。でも、私たちはこうして毎日を生きている。政治や経済の評論家、政治家や経済人と言われる人たちが一顧だにしなくても、生きていくのに大切なことは、ほとんどみんなここにある。

　「風俗」という視点から「社会」を捉える。週刊誌『アサヒ芸能』の研究を始めてから、10年以上が経過して、ようやくなぜ『アサヒ芸能』だったのか、が分かってきたような気がする。徳間書店の社史にあった徳間康快氏の言葉は象徴的だ。「高尚な政治や経済や文化ももちろんよい。しかし、背伸びして、格好をつけて、今風にいえばブリッ子になることもないではないか。セックスそのものは悪ではない」。きっとこのスタンスに、私は惹かれ、共感した。自分たちが生きる「社会」を、私たちの足元から捉えたい。背伸びして、格好をつけることなく、日常の言葉から社会学を語りたい。その試みがどれほど成功したかは、分からない。でも、たぶん、これからも私は、何気ない日々の営みから、社会学をしていきたい。

　本書は、序章と最終章をのぞけば、ほぼ数年前に執筆した博士論文をベースに加筆修正したものとなっている。それらのうち古いも

のでは、博士課程に入ったばかりの頃に執筆した論文もある。だから正直、読み返していると恥ずかしい。10年前の無鉄砲な自分の発言を、目の前で聞かされているかのようで冷や冷やする。ところどころ織り目が飛んだ粗雑な織物のような文章は、手触りも均一ではなくザラザラしている。全面的に書き直すことも考えなかったわけではない。でもこれが、私が歩んできた道のりなんだと思う。その時、その時の出会いが、今の研究に脈々とつながり、私のものの見方に少なからぬ影響を与えている。そのため基本的な論旨はそのままに、文章なども必要最低と思われる加筆修正にとどめた。なぜ、私が今の視点へ至ったのか、その「プロセス」も含めて、共有し、議論していくことが重要だと考えたからである。

　大学院時代のゼミで聴いた言葉が忘れられない。「あるのはtheoryではなく、theorizingである」。

　　　　　＊＊＊＊　＊＊＊＊＊　＊＊＊＊

　とはいえ、本当に長い時間が経過した。博士論文を書いて間もなく、ハーベスト社の小林達也社長より出版のお話をいただいたときは、最終章の執筆まで、こんなにも時間がかかるとは思っていなかった。長い間、ひたすら原稿の提出を待っていてくださった小林氏には、改めてお詫び申し上げるとともに、心より感謝の気持ちを伝えたい。

　また、徳間書店の方々や、元赤線業者でもある福井氏（仮名）のご協力がなければ、この研究を続けることはできなかった。とくに元編集長の堀口健次氏は、遅々として執筆の進まない私を「叱咤激

謝　辞

励」し、ずいぶんと背中を押してくださった。堀口氏や福井氏など、取材をきっかけに出会った人たちは、私にとって単なる取材相手ではなく、今でもお付き合いのある大切な人生の先輩となった。

　そして、今回の出版のおかげで、たった一冊の本ができるまでに、一体どれだけたくさんの出会いが積み重ねられていたのかを改めて実感することになった。私の研究のことはほとんど知らないが、私がわが道を行くことをずっと見守り続けてくれた大学時代の仲間たち。互いの研究フィールドは、まったく異なりながらも、「社会学」という基盤を共有し、飽かず何時間でも語り合い、学び合える大学院時代の仲間たち。「社会学」を教える立場でいながら、学校以外の「社会」を知らない自分を変えようと一歩を踏み出した時に出会った「飲み仲間」たち。彼らと過ごす時間は、「社会」に生きる言葉で、「社会」を考える時間ともなっている。これはきっと今後も大切な宝であり続けるだろう。

　立教大学・中央大学名誉教授の奥田道大先生は、今回の出版の大きなきっかけを作ってくださった先生でもある。出版の打ち合わせのため御茶ノ水で初めてお会いした日は、東京では珍しく大雪だった。緊張する私に「この雪は吉兆ですよ」と、言ってくださったことが忘れられない。実際にお会いしたのはその一度きりだが、なんの義理もない一院生にも、研究者として接していく奥田先生の姿勢が、どれほど稀有なものなのかを、今、余計に痛感する。

　現在は京都大学にいらっしゃる伊藤公雄先生は、修士時代、男性週刊誌の研究を思いついた私に、「それなら週刊誌『アサヒ芸能』がよい」と教えてくださった先生である。当時の私は『アサヒ芸能』を知らなかったので、伊藤先生から『アサヒ芸能』を勧められなければ、きっと『アサヒ芸能』を研究対象に選んでいなかっただろう。

ある意味、伊藤先生がいらっしゃらなければ、この研究はそもそも始まりもしなかったことになる。また大阪大学の川端亮先生からは、分析方法について多くの指導を受けた。KT2というコンピュータ・コーディングの方法を取り入れたおかげで、研究の幅が大きく広がり、なおかつ「要素」と「概念」という基本的な考えを学ぶこともできた。一つの講座にとどまらず、いろんな講座の先生方のところで自由に学べる当時の阪大社会学の雰囲気がなければ、今のような研究の形になることはなかっただろう。

　そして阪大で「理論」と呼ばれた講座の厚東洋輔先生には、きっと一生、頭があがらない。「理論が苦手だから、理論講座にちょっと行ってみよう」という、本当に安易な発想で理論講座のドアを叩いたのだが、私はその時に「社会学」、あるいは「研究」の扉をノックしたのだと思う。「10分で答えるのは評論家、10年考えるのが研究者」「研究にとって大事なのは答えではなく、問い」「データは、しゃぶりつくすように読め」といった言葉は、今でも、私が研究者としての自分を省みるときの座標軸となっている。私は俗にいう「高学歴ワーキングプアー」を地でやっているわけだが、それでも案外とお気楽なのは、この座標軸があるおかげだと思う。

　ここに、まだまだ書ききれないほどの人のおかげで、この本は生まれた。だけど、そのことを伝え、この本を手にとってもらうことが叶わなくなった人もいる。大学時代の仲間の一人である岸田拓也君。徳間書店の徳間康快氏、小鷹久義氏、長綱和幸氏。吉原を愛した吉村平吉氏。どの人との時間も、それぞれの優しかった笑顔とともに思い出される。彼らがすでにいないという事実は、いまだに喉を締め付けるような痛みを伴うが、同時に人生という瞬間のなかで彼らと交差した時間があったことを感謝したい。

　　　　　　　　　　　　　　　　　　　　　　謝　辞

　最後に、「ありがとう」の一言では尽くせない想いを、岡山で暮らす私の両親に届けたい。

　　　　　　　　　2010年5月
　　　　　　　　　　　　　　　　　　　　景山佳代子

索引

ア行

赤線　30-31, 43, 47-48, 54-55, 62, 65, 134, 172-173, 179-180, 182, 184, 186-187
赤線従業婦　48, 51
赤線世界　48, 70, 82
赤線的世界　120-121, 131-132, 171, 182
赤線的世界の女　116-120, 122, 125, 127-129, 133-135, 137
赤線労働組合　43
浅草　57-58, 63, 67, 71
『アサヒ芸能新聞』　15-19, 23-25, 27-28
按摩　82-84
イエ制度／家制度（家族制度）　173-178
磯野誠一・磯野富士子　176
一夜妻　125-127, 129-137
井上俊　185-186
井上忠司　14, 162, 169
イメージ　61-62, 67, 70, 83
大塚久雄　185-186
親子　174-176, 178

カ行

家庭・家族　125, 174-176, 178-180, 182, 184
ガーフィンケル，ハロルド　75-76
川端亮　97, 201, 213-214
環境図式　179, 186
韓国エステ　92-93, 95-96, 98
神崎清　46-47, 52, 71
境界（線）　64-65, 69-70, 119, 128, 134, 156

（赤線）業者　31, 34-38, 41-45, 47-52, 59, 68
郭　65, 175
芸者　85-87, 90-91, 116-118, 121-122, 129, 146-148
KH Coder　142, 145, 153, 165
結婚　120, 132-133, 174, 176-179, 181-183, 186
KT2　77-79, 189, 200-205, 208, 211-213
憲法24条　175, 177
子　174-176, 178-179
考現学　8
公娼（制度）　34, 37, 40-41, 45, 47, 72, 172-173, 175, 177, 184
厚東洋輔　162, 183
コード　189, 200-201, 203-208, 211-212
国家　68, 72, 175
コルバン，アラン　4, 136
婚外交渉／婚前交渉　179, 182, 186
今和次郎　8, 10, 14

サ行

サラリーマン　80-81, 97, 177, 185
山谷　60-61, 72-73
CAQDAS　78, 200-201
地元　86-91, 114-115, 118-119, 127, 129, 135, 209-211
Seale, C　201
『週刊朝日』　43
週刊誌　15-17, 71, 97, 139-141, 185, 195

索　引

『週刊新潮』	15-16, 26
出張（マン）	80, 83, 85-87, 89-91, 94-95, 98
（基本的）人権	47, 171, 173, 175, 183-184
人身売買	36-38, 72
身体	177-180, 182, 186
新風俗	161-162
図／地	119, 121-122, 128, 136, 172
洲崎	33
ストリップ	105-107, 115-118, 121-122
生活感情	176-179, 182
性（風俗）産業	7, 76, 163, 165, 167
性＝生	49, 171
性の民主化	173, 176-177, 182
性風俗	8, 26, 69-70, 75-76, 79, 81, 83-85, 95-96, 118-119, 121-122, 125-128, 135, 156-157, 159, 162-166, 182-184
セクシュアリティ	9
線／点（ゾーン／ポイント）	100-101, 135, 139, 156-159, 161-162, 164
千束	62-70
想像上の（想像的な）もの	69-70, 83
想像力	70, 83-84, 171

タ行

団地（族）	26, 178
地方	86, 89
仲介者	114-115, 119
作り手	25, 76, 96
妻	119, 122, 125-126, 128, 131, 134, 174-176, 178-179
東京	86-87, 89, 97
東京都女子従業員組合	42
東西芸能出版社	15-17, 27-28, 71
特飲店（特殊飲食店）	33, 35, 184
読者	11, 24-26, 29-30, 53, 62, 67, 69-70, 79-81, 83-84, 88-89, 95-96, 141, 163-164, 171-173, 177-178, 180-183, 185, 193-196
徳間康快	15-16, 18-20, 24-27, 30-31, 42, 45, 48-49, 71
都市	72-73, 89, 97, 177
土地	87-88, 110, 115, 147, 156-157
土地の女	114-115, 118-119, 125, 127, 129, 135
土地の人	114-115, 119, 127-128, 134-135
富永茂樹	186
ドヤ街	60-61, 64

ナ行

流れ者	86-87, 209
ニコヨン	61, 72
二流	49, 53-55, 96, 171, 191

ハ行

売春	4-5, 43-45, 68, 72, 132, 136, 173, 180-181, 184
売春疑獄	37-38
売春禁止	30, 33-34, 36-37, 42, 47, 50-52
売春婦	42, 44, 60-61, 72-73
売春防止法	30-31, 42-44, 49, 51, 62-63, 68, 70, 72, 171, 173, 177, 179-180, 183-184, 186
場所でない「場所」	68
場所の不特定性	66
母	174-175, 179

227

パンパン	82-84	民主化	173, 176, 184
パンマ	82-84	民主主義	171, 173, 175-177
非日常／日常	65, 83, 119, 121-122, 126-135, 164	民主的	178, 182-183
		民主的家族	178-179
ファンタジー	81, 83, 90-91, 127, 171	メディア	70, 75, 163, 179, 183
ファンタジーの二項式	83-84, 91, 93-96, 126, 161, 163	もはや戦後ではない	26
		モラン, エドガール	69
ファンタスティックな集合	84-85, 87, 90, 92, 95-96, 126		

ヤ行

吉原	31-34, 37-38, 46-47, 55-59, 62, 67-68, 72-73, 82, 168

フィクション	69, 163-165, 182		
風俗	7-8, 10-11, 26, 30-31, 48, 81, 159-163, 165, 183		

ラ行

フーゾク	162-165	リアリティー	68-69, 83, 163-164, 172, 181, 183
夫婦	125, 127, 172, 174-176, 178-179, 182, 186	レヴィ＝ストロース	136
深情け	90-91	レンアイ	123-125, 134, 180-182
藤目ゆき	50-51	恋愛	124, 176-179, 182-183, 187
プロップ, ウラジミール	212	恋愛結婚	176, 178-179, 182, 185
ヘルス	148-149, 151-153, 166	連合軍	184
ホステス	86, 116-118, 124, 129, 166, 209	ロダーリ, ジャンニ	83-84, 95

マ行

ワ行

マス・カルチュア	69	渡り鳥	86-87, 89, 209
マリオッティ, マルチェッラ	116		

著者紹介
景山佳代子（かげやま・かよこ）
2004年　大阪大学大学院博士後期課程修了
博士（人間科学）

現在　（社）国際経済労働研究所研究員、追手門学院大学（社会意識論、情報コミュニケーション演習など）、大阪産業大学（広告論、メディア文化論など）、大阪国際大学（広告論、メディア論）非常勤講師

質的社会研究シリーズ5
性・メディア・風俗
——週刊誌『アサヒ芸能』からみる風俗としての性——
せい・めでぃあ・ふうぞく
しゅうかんし「あさひげいのう」からみるふうぞくとしてのせい

定価はカバーに表示

2010年8月6日　第1刷発行

本書の内容を無断で複写・複製・転訳載することは、著作者および出版者の権利を侵害することがございます。その場合には、あらかじめ小社に許諾を求めてください。
視覚障害などで活字のまま本書を活用できない人のために、非営利の場合にのみ「録音図書」「点字図書」「拡大複写」などの製作を認めます。その場合には、小社までご連絡ください。

Ⓒ著　者　景山佳代子
発行者　小林達也
発行所　ハーベスト社
〒188-0013　東京都西東京市向台町2-11-5
電話　042-467-6441
Fax　042-467-8661
振替　00170-6-68127
http://www.harvest-sha.co.jp

印刷・製本：㈱平河工業社

落丁・乱丁本はお取りかえいたします。　Printed in Japan
ISBN978-4-86339-024-9 C3036

質的社会研究新時代に向けて
江原由美子・木下康仁・山崎敬一　シリーズ編集
質的社会研究シリーズ

1　美貌の陥穽　第2版
セクシュアリティーのエスノメソドロジー
山崎敬一著　2415円

2　セルフヘルプ・グループの自己物語論
アルコホリズムと死別体験を例に
伊藤智樹著　2730円

3　質的調査データの2次分析
イギリスの格差拡大プロセスの分析視角
武田尚子著　2835円

4　性同一性障害のエスノグラフィ
性現象の社会学
鶴田幸恵著　2835円

5　性・メディア・風俗
週刊誌『アサヒ芸能』からみる風俗としての性
景山佳代子著　2520円

以下続刊

新刊

公衆とその諸問題
ジョン・デューイ著　植木豊訳　3045円

プラグマティズムとデモクラシー——デューイ的公衆と「知性の社会的使用」
植木豊著　3990円

多声性の環境倫理——サケが生まれ帰る流域の正統性のゆくえ
福永真弓著　2940円

ユビキタス社会の中での子ども成長——ケータイ時代を生きる子どもたち
深谷昌志・深谷和子・髙旗正人編著　1890円

子ども社会学序説——社会問題としての子ども問題を読み解く
望月重信著　2940円

捕囚——植民国家台湾における主体的自然と社会的権力に関する歴史人類学
中村勝著　9240円

社会学関係既刊書より

高校生のための社会学—未知なる日常への冒険—
　　　高校生のための社会学編集委員会編　本体価格 2900 円

悪循環の現象学—「行為の意図せざる結果」をめぐって—
　　　長谷正人著　本体価格 1800 円

信頼社会のゆくえ—価値観調査に見る日本人の自画像—
　　　R. キサラ・永井美紀子・山田真茂留編　本体価格 1800 円

人びとにとって「都市的なるもの」とは—新都市社会学・序説—
　　　奥田道大著　本体価格 1800 円

先端都市社会学の地平　奥田道大・松本康監修　先端都市社会学シリーズ 1
　　　広田康生・町村敬志・田嶋淳子・渡戸一郎編　本体価格 2600 円

共同性の地域社会学—祭り・雪処理・交通・災害—
　　　田中重好著　本体価格 8900 円

人種接触の社会心理学—日本人移民をめぐって—
　　　J.F. スタイナー著　森岡清美訳　本体価格 2800 円

ライフヒストリーの宗教社会学—紡がれる信仰と人生—
　　　川又俊則・寺田喜朗・武井順介編著　本体価格 2400 円

社会科学のためのモデル入門
　　　レイブ＆マーチ著　佐藤嘉倫・大澤定順・都築一治訳　本体価格 2900 円

都市の村人たち—イタリア系アメリカ人の階級文化と都市再開発—
　　　H.J. ガンズ著　松本康訳　本体価格 3600 円

地球情報社会と社会運動
—同時代のリフレクシブ・ソシオロジー—
　　　新原道信・奥山眞知・伊藤守編　本体価格 5000 円

社会学におけるフォーマル・セオリー〔改訂版〕
—階層イメージに関するＦＫモデル—
　　　髙坂健次著　本体価格 2800 円

住民投票運動とローカルレジーム
—新潟県巻町と根源的民主主義の細道, 1994-2004—
　　　中澤秀雄著　本体価格 5500 円

プレイング・セルフ—惑星社会における人間と意味—
　　　A・メルッチ著／新原・長谷川・鈴木訳　本体価格 2800 円

未明からの思考—社会学の可能性と世界の相貌を求めて—
　　　現代社会研究会編　本体価格 2400 円

モダニティと自己アイデンティティ—後期近代における自己と社会—
　　　A. ギデンズ著／秋吉・安藤・筒井訳　本体価格 2800 円

社会理論の最前線
　　　A. ギデンズ著／友枝・今田・森訳　本体価格 3000 円

社会科学の道具箱—合理的選択理論入門—
　　　J. エルスター著／海野訳　本体価格 2400 円

社会認識と想像力
　　　厚東洋輔著　本体価格 3300 円

中国の社会階層と貧富の格差
　　　李 強著／髙坂健次・李 為監訳　本体価格 2800 円

老い衰えゆく自己の／と自由
　　　天田城介著　本体価格 3800 円

社会理論としてのエスノメソドロジー
　　　山崎敬一著　本体価格 2600 円

ハーベスト社